Frank Lauenburg

Mindmap, KAWA & KAGA im Geschichtsunterricht 5/6

Zweifach-differenzierte Materialien zur Erstellung von Gedankenlandkarten und Wissensnetzen

Wir haben uns für die Schreibweise mit dem Sternchen entschieden, damit sich Frauen, Männer und alle Menschen, die sich anders bezeichnen, gleichermaßen angesprochen fühlen. Aus Gründen der besseren Lesbarkeit für die Schüler*innen verwenden wir in den Kopiervorlagen das generische Maskulinum.
Bitte beachten Sie jedoch, dass wir in Fremdtexten anderer Rechtegeber*innen die Schreibweise der Originaltexte belassen mussten.
In diesem Werk sind nach dem MarkenG geschützte Marken und sonstige Kennzeichen für eine bessere Lesbarkeit nicht besonders kenntlich gemacht. Es kann also aus dem Fehlen eines entsprechenden Hinweises nicht geschlossen werden, dass es sich um einen freien Warennamen handelt.

1. Auflage 2021
© 2021 Auer Verlag, Augsburg
AAP Lehrerwelt GmbH
Alle Rechte vorbehalten.

Das Werk als Ganzes sowie in seinen Teilen unterliegt dem deutschen Urheberrecht. Der*die Erwerber*in der Einzellizenz ist berechtigt, das Werk als Ganzes oder in seinen Teilen für den eigenen Gebrauch und den Einsatz im eigenen Präsenz- oder Distanzunterricht zu nutzen.
Produkte, die aufgrund ihres Bestimmungszweckes zur Vervielfältigung und Weitergabe zu Unterrichtszwecken gedacht sind (insbesondere Kopiervorlagen und Arbeitsblätter), dürfen zu Unterrichtszwecken vervielfältigt und weitergegeben werden.
Die Nutzung ist nur für den genannten Zweck gestattet, nicht jedoch für einen schulweiten Einsatz und Gebrauch, für die Weiterleitung an Dritte einschließlich weiterer Lehrkräfte, für die Veröffentlichung im Internet oder in (Schul-)Intranets oder einen weiteren kommerziellen Gebrauch.
Mit dem Kauf einer Schullizenz ist die Schule berechtigt, die Inhalte durch alle Lehrkräfte des Kollegiums der erwerbenden Schule sowie durch die Schüler*innen der Schule und deren Eltern zu nutzen.
Nicht erlaubt ist die Weiterleitung der Inhalte an Lehrkräfte, Schüler*innen, Eltern, andere Personen, soziale Netzwerke, Downloaddienste oder Ähnliches außerhalb der eigenen Schule.
Eine über den genannten Zweck hinausgehende Nutzung bedarf in jedem Fall der vorherigen schriftlichen Zustimmung des Verlags.

Sind Internetadressen in diesem Werk angegeben, wurden diese vom Verlag sorgfältig geprüft. Da wir auf die externen Seiten weder inhaltliche noch gestalterische Einflussmöglichkeiten haben, können wir nicht garantieren, dass die Inhalte zu einem späteren Zeitpunkt noch dieselben sind wie zum Zeitpunkt der Drucklegung. Der Auer Verlag übernimmt deshalb keine Gewähr für die Aktualität und den Inhalt dieser Internetseiten oder solcher, die mit ihnen verlinkt sind, und schließt jegliche Haftung aus.

Autor*innen: Frank Lauenburg
Covergestaltung: annette forsch konzeption und design, Berlin
Illustrationen: Steffen Jähde
Satz: Satzpunkt Ursula Ewert GmbH, Bayreuth
Druck und Bindung: Korrekt Nyomdaipari Kft.
ISBN 978-3-403-08556-0
www.auer-verlag.de

Inhaltsverzeichnis

Einführung: KAWAs, KAGAs und Mindmaps 5

Einführung in die Geschichte 12
KAWA: Was ist Geschichte? 12
KAWA: Was ist Geschichte? – beispielhafte Lösung 14
Mindmap: Quellenarten – schriftliche Quellen 15
Mindmap: Quellenarten – bildliche Quellen 17
Mindmap: Quellenarten – gegenständliche Quellen 19
Mindmap: Quellenarten – mündliche Quellen 21
Mindmap: Quellenarten – Bildmaterial 23
Mindmap: Quellenarten – Hilfeblatt 24
Mindmap: Quellenarten – beispielhafte Lösung 25
KAWA: Die Arbeit der Archäologinnen und Archäologen 26
KAWA: Die Arbeit der Archäologinnen und Archäologen – beispielhafte Lösung ... 28

Steinzeit 29
KAGA: Stufen der menschlichen Entwicklung 29
KAGA: Stufen der menschlichen Entwicklung – Hilfeblatt 33
KAGA: Stufen der menschlichen Entwicklung – beispielhafte Lösung 34
Mindmap: Leben in der Steinzeit 35
Mindmap: Leben in der Steinzeit – Hilfeblatt 36
Mindmap: Leben in der Steinzeit – beispielhafte Lösung 37
KAGA: Die neolithische Revolution 38
KAGA: Die neolithische Revolution – Hilfeblatt 40
KAGA: Die neolithische Revolution – beispielhafte Lösung 41

Ägypten 42
KAGA: Leben am Nil 42
KAGA: Leben am Nil – Hilfeblatt 44
KAGA: Leben am Nil – beispielhafte Lösung 45
KAGA: Die Gesellschaft im alten Ägypten 46
KAGA: Die Gesellschaft im alten Ägypten – Hilfeblatt 48
KAGA: Die Gesellschaft im alten Ägypten – beispielhafte Lösung 49
KAWA: Die Pyramiden 50
KAWA: Die Pyramiden – beispielhafte Lösung 54

Griechenland 55
Mindmap: Die griechische Polis 55
Mindmap: Die griechische Polis – Hilfeblatt 57
Mindmap: Die griechische Polis – beispielhafte Lösung 58
KAWA: Die Olympischen Spiele 59
KAWA: Die Olympischen Spiele – beispielhafte Lösung 63

Inhaltsverzeichnis

Rom 64
Mindmap: Die römische Familie 64
Mindmap: Die römische Familie – Hilfeblatt 67
Mindmap: Die römische Familie – beispielhafte Lösung 68
KAGA: Die römische Republik 69
KAGA: Die römische Republik – Hilfeblatt 72
KAGA: Die römische Republik – beispielhafte Lösung 73
KAGA: Gaius Julius Caesar 74
KAGA: Gaius Julius Caesar – Hilfeblatt 76
KAGA: Gaius Julius Caesar – beispielhafte Lösung 77
KAGA: Römische Straßen 78
KAGA: Römische Straßen – Hilfeblatt 82
KAGA: Römische Straßen – beispielhafte Lösung 83

Einführung: KAWAs, KAGAs und Mindmaps

„Jedes Wort, das Sie hören/oder lesen, weckt immer Assoziationen in Ihnen, allerdings rasen die meisten in einem Affentempo an Ihrem Bewusstsein VORBEI. Wenn Sie zu einem Begriff viele Erfahrungen haben, dann können es Hunderte von Assoziationen sein".[1]

Diese Worte stammen von der 2011 verstorbenen deutschen Seminarleiterin und Sachbuchautorin Vera F. Birkenbihl. Sie, die unter einer Form der Autismus-Spektrum-Störung litt und die Lernmethoden des (deutschen) Schulsystems kategorisch ablehnte, entwickelte eigene Lernstrategien rund um den Begriff der NLLS (Non-Learning Learning-Strategies). Das obige Zitat ist dabei symptomatisch für ihren Denkansatz: Entscheidend seien die Assoziationen, die ein Mensch hat. Denn diese seien ein Ausdruck dafür, was er über einen Begriff oder Sachzusammenhang weiß – oder besser gesagt abrufen kann. Das Problem bestehe laut Birkenbihl darin, dass viele der Assoziationen, die wir zu einem Begriff haben, nur unterschwellig vorhanden sind. Es sei somit notwendig, die verborgenen Assoziationen an die Oberfläche zu befördern und diese nutzbar zu machen. In diesem Sinne sei es auch möglich, die Assoziationen, die wir zu einem Begriff haben, systematisch zu erweitern.

Das Wissensnetz

Birkenbihl geht bei ihrem Ansatz von den neuronalen Bahnen im Gehirn aus.[2] Dabei stellt jede Wissenseinheit eine Art Faden dar. Da unser Gehirn jedoch nicht linear aufgebaut ist, sind die einzelnen Wissensfäden miteinander verbunden und bilden somit laut Birkenbihl ein riesiges Wissensnetz. Bewusst entschied sie sich für die Metapher des Wissensnetzes, da dieses auch Löcher enthalten kann, die symbolisch für das Nicht-Wissen (*„also Stellen mit weniger Wissens-Fäden"*[3]) stehen. Gleichzeitig ist unser Wissensnetz an manchen Stellen auch sehr eng geknüpft, da wir zu bestimmten Themengebieten ein sehr umfangreiches Wissen besitzen und die Verbindungen hier umfangreicher (näher beieinander liegend) sind.

Selbstverständlich sind die Wissensnetze der einzelnen Menschen unterschiedlich, da der Umfang an Wissen und Nicht-Wissen (oder Weniger-Wissen) bezogen auf unterschiedliche Wissensgebiete eben individuell ist. Je mehr wir über eine Sache wissen, desto umfangreicher sind auch die Assoziationen, *„weil es mehr Wissens-Fäden hierzu gibt [...]."*[4]

Auch bei der Integration neuen Wissens in das Wissensnetz ist laut Birkenbihl die Anzahl oder die Dichte der bereits vorhandenen Wissensfäden entscheidend: *„Wer noch nichts weiß, hat noch keine Fäden, um die neuen Infos einzuhängen."*[5] Neue Informationen können also vor allem dann schnell und effektiv in unser vorhandenes Wissensnetz eingebunden werden, wenn an der entsprechenden Stelle schon Verbindungen bestehen. Jedes Weiterlernen an einem bereits bekannten Gegenstand erfolgt somit erheblich effizienter als das Aufbauen eines völlig neuen Bereiches im Wissensnetz. Um dies zu belegen, empfiehlt Birkenbihl, den eigenen Verbindungen einmal nachzugehen und die eigenen Assoziationen zu verfolgen. Woran denken Sie z.B., wenn Sie das Wort „Stift" lesen? Mir selbst fällt dabei als Erstes ein Bleistift ein, da ich einen Großteil meiner Notizen mit einem solchen vermerke. Andere denken vielleicht an einen roten Stift, einen Kugelschreiber oder einen Fine Liner. Die Assoziationen, die ein Begriff bei uns auslöst, sind durchaus unterschiedlich. Und doch kann schon ein solch einfaches Wort wie „Stift" Assoziationen hervorrufen, die mit dem Begriff selbst nicht direkt impliziert sind. Oder: Wenn Sie die Insel Korsika kennen und schon etwas über Napoleon wissen und jetzt neu erfahren, dass er Korse war, so müssten Sie diese neue Information nur einmal hören oder lesen und schon haben Sie diese in Ihr Wissensnetz eingebunden. *„Bei **vorhandenen** ‚passenden' Wissens-Fäden (zum Neuen muß ja lediglich eine **neue Ver-BINDung** geschaffen werden), lautet die Regel: **Einmal wahrgenommen und begriffen = gemerkt!**"*[6] Bestehen jedoch noch keine Wissensfäden zu Korsika oder Napoleon, so können Sie die Erkenntnis, dass er Korse war, auch nicht einfach in ihr Wissensnetz einbinden, da es keine Verbindungen gibt, an die Sie diese neue Information anbinden könnten.

---

1   Vera F. Birkenbihl: Stroh im Kopf? Vom Gehirn-Besitzer zum Gehirn-Benutzer. 57. Auflage, München 2018, S. 23. [Hervorhebungen wie im Original].
2   Vgl.: Stroh im Kopf?, S. 43ff.
3   Vera F. Birkenbihl: Birkenbihls Denkwerkzeuge – Gehirn-gerecht zu mehr Intelligenz und Kreativität. 6. Auflage, München 2018, S. 9.
4   Stroh im Kopf?, S. 24.
5   Stroh im Kopf?, S. 24.
6   Stroh im Kopf?, S. 51.

Gehirngerechtes Lernen

Birkenbihl geht bei ihrem Lernansatz davon aus, dass unser Gehirn neuropsychologisch darauf ausgerichtet ist, die Informationen, die unentwegt auf uns einprasseln, zu verarbeiten. Ob unser Gehirn dieser Aufgabe jedoch nachkommt, unterscheide laut Birkenbihl „*Gehirn-**Besitzer** (die es im Kopf spazieren tragen und weitgehend verstauben lassen) von Gehirn-**Benutzern**, die durch **gehirn-gerechtes Vorgehen** dafür sorgen, daß ihr Gehirn seine Aufgabe (Informations-Verarbeitung) so lösen kann, wie die Natur es vorgesehen hat.*"[7] Dementsprechend ist Informationsflut kein Risiko, sondern eine große Chance.

Birkenbihl kritisiert bei ihrem Lernansatz das Lernen, wie es im schulischen Kontext stattfindet, da dieses die Lernlust, sie spricht hier auch von der Lernlibido[8], beschränken würde. Im Gegenzug sei gerade das assoziative Lernen gewinnbringend, da es einerseits helfe, weitere Wissensfäden aufzubauen, und andererseits die vorhandenen Wissensfäden („Hilfsfäden", „Eselsbrücken") aktivieren würde. „*Wenn Sie etwas wahrnehmen, z. B. hören oder lesen, dann gilt: Bewußt wahrgenommen UND begriffen = gut konstruiert. Gut konstruiert aber heißt: Diese Information kann (ohne Pauken, Büffeln etc.) später leicht neu konstruiert (= re-konstruiert) werden!*"[9] Lernen versteht Birkenbihl dementsprechend nicht als Auswendiglernen, sondern als Herstellen von Verbindungen im eigenen Wissensnetz und als zielgerichtetes Reaktivieren desselben. Aus diesem Verständnis entwickelte sie fünf zentrale Thesen:

1. Die Qualität der Konstruktionen bestimmt die Qualität der späteren Rekonstruktionen, im eigentlichen Sinne der Gedächtnisleistungen.
2. Fehler, die bei den Konstruktionen entstanden sind, führen zwangsläufig zu Fehlern bei den Rekonstruktionen.
3. Die meisten Menschen suchen die Fehler bei den Rekonstruktionen (also dem Abrufen der Gedächtnisleistung) und eben nicht bei den zuvor fehlerhaften Konstruktionen, der Einspeicherung der Informationen.
4. Erfolg der Gedächtnisleistung ergibt sich aus dem, was wir zuvor gedacht und getan haben.
5. Gedächtnisleistungen entspringen ebenfalls unserem Tun.[10]

Aufbauend auf diesen Thesen zieht Vera F. Birkenbihl das Fazit, dass wir unsere Gedächtnisleistung durch bewusstes Training verbessern können, „*wenn wir lernen, die **Qualität unserer Konstruktionen** zu **verbessern**.*"[11] Denn allein durch eine bessere Einspeisung (Konstruktion) entstünde ein effektiveres Abrufen (Re-Konstruktion) von Sachzusammenhängen. Der Aufwand hierfür wäre weitaus geringer als „klassisches" Lernen. Wir müssten nur bewusster, Birkenbihl nennt dies „gehirn-gerechter", lernen.

Wie jede neue Technik muss dies erst einmal erlernt werden und dieses Erlernen bedeutet anfangs durchaus einen höheren Aufwand. Dieser Aufwand soll sich jedoch nach kurzer Zeit amortisieren, da die Lernleistung, genauer die assoziative Gedächtnisleistung, erheblich gesteigert wird. Birkenbihl vergleicht das Erlernen dieser neuen Lerntechnik mit dem Erlernen des Stelzenlaufens: Die ersten Gehversuche sehen noch recht wackelig aus und würden durchaus eine hohe Konzentration und Anstrengung bedeuten. Oft gehen diese ersten Versuche auch schief. Doch wer dranbleibt, wird recht schnell Erfolge sehen und nach kurzer Zeit sogar sehr gut auf Stelzen laufen können.

In diesem Sinne meint Birkenbihl:

1. Jeder Mensch, unabhängig vom Alter, kann seine Gedächtnisleistung steigern.
2. „*Je mehr Schule/Ausbildung uns zum Gehirn-Muffel GEMACHT haben, desto mehr müssen wir UM-LERNEN.*"[12]
3. Solch ein Umlernen fühlt sich nur anfangs komisch an (siehe das Lernen, auf Stelzen laufen zu können).
4. Haben wir eine neue (Lern-)Technik erst einmal erlernt, so ist der Nutzen erheblich.
5. Das Problem mangelnder Lernleistungen besteht nicht in einem „schlechten Gedächtnis", sondern ergibt sich aus einer mangelhaften Konstruktion, die eben eine mangelhafte Rekonstruktion erzeugt.
6. Verändert man die Konstruktion von Informationen, so entsteht daraus, quasi als Nebeneffekt, auch ein „gutes Gedächtnis".[13]

---

7 Stroh im Kopf?, S. 56.
8 Vgl.: Stroh im Kopf?, S. 244ff.
9 Stroh im Kopf?, S. 24.
10 Vgl.: Stroh im Kopf?, S. 24.
11 Stroh im Kopf?, S. 24.
12 Stroh im Kopf?, S. 25.
13 Vgl.: Stroh im Kopf?, S. 25.

Analograffiti – KAWAs und KAGAs

*„Wenn Sie darüber nachdenken, **wie Sie denken**, dann betrachten Sie einen winzigen Ausschnitt Ihres gigantischen Wissens-Netzes."*[14] Denn ein großer Teil unserer Assoziationen läuft unterbewusst ab. *„Wenn wir uns das Bewußtsein als eine Strecke von 15 mm vorstellen, dann entspricht unser Unterbewußtsein in etwa einer Vergleichsstrecke von 11 km!"*[15] Entscheidend ist daher zu lernen, wie wir unsere eigenen Assoziationen registrieren können und auch unsere unterbewussten Assoziationen in unser bewusstes Denken übertragen können. Nach Birkenbihl benötigen wir Denkwerkzeuge („Tools"), die uns helfen, unser geistiges Repertoire zu aktivieren. Und genau hier knüpft die Methode des Analograffiti an, die es uns ermöglicht, unsere ersten Gedanken kennenzulernen (somit unser Wissensnetz sichtbar zu machen) und diese systematisch weiterzuentwickeln (unser Wissensnetz somit auszubauen). Die Anzahl der Assoziationen hängt dabei von unserem vorhandenen Wissensnetz ab.

Die Begriffe KAWA und KAGA, die Vera F. Birkenbihl im Laufe ihrer Tätigkeit entwickelt hat, sind als Akronyme zu verstehen. Die Buchstaben in dem Wort KAWA stehen für **K**reative **A**nalografie **W**ort **A**ssoziationen und in dem Wort KAGA für **K**reative **A**nalografie **G**rafische **A**ssoziationen. Der Begriff Analografie (ab etwa 2000 verwendete Birkenbihl hier den Begriff des Analograffiti) setzt sich aus den Begriffen analog – gemeint als bildhaftes, vernetztes, symbolisches Denken – und grafie/grafik – abgeleitet von dem griechischen grafein – zusammen, was ursprünglich (in Tontäfelchen) ritzen bedeutet und somit von Birkenbihl als schreiben und zeichnen verwendet wird. Analografie oder Analoggraffiti versteht sie somit als eine Form des analog kreativen Denkens und dem Nachvollziehen dieses Denkens durch Schreiben oder Zeichnen.[16]

Birkenbihl vertritt dabei ein weites Verständnis des Begriffes Bild. In diesem Sinne seien KAGAs *„oft nur minimal von ‚normalen' Notizen entfernt."*[17] Sie versteht unter Bild jede grafische Darstellungsform, *„vom einfachsten Strichmännchen- oder Kritzel-Bild bis zu ausgeklügelten DENK-BILDERn."*[18] Dabei ist es auch denkbar, Bildvorlagen zu verwenden und diese zu Collagen zusammenzufügen. Entscheidend sind die **k**reativen (K) **D**enk-**A**nalografien (A), die mithilfe von **W**orten (W) oder **G**rafiken (G) aufgespürt und dargestellt werden. Was einer Person bei dieser Art von Aufgaben einfällt, sind immer die eigene **A**ssoziation (A). *„Wir ‚zapfen' also unsere eigenen Fäden im Wissens-Netz […] ‚an'."*[19]

KAWAs

Bei einem KAWA wird für jeden Buchstaben des Wortes oder Begriffes mindestens eine Assoziation notiert, die mit dem jeweiligen Buchstaben des Ursprungswortes beginnt. Dafür wird der Begriff in großen Buchstaben in die Mitte eines Blattes geschrieben und die Assoziationen zu den einzelnen Buchstaben darum herum gruppiert. Dabei ist es durchaus erlaubt/erwünscht, in dem Begriff hin- und herzuspringen. Man sollte sich nicht an einem Buchstaben „festbeißen", wenn einem nicht sofort eine Assoziation einfällt.

Um sich in die Methode einzuarbeiten, empfiehlt es sich, mit Namens-KAWAs zu beginnen. Schreiben Sie hierzu den Namen einer Person, die Sie gut kennen, in großen Buchstaben auf ein Blatt und notieren Sie die Assoziationen, die Sie mit dieser Person verbinden. Dabei werden Sie merken, dass diese Assoziationen sehr individuell sind. Wenn Sie zu einem späteren Zeitpunkt erneut ein Namens-KAWA zu derselben Person erstellen und diese Assoziationen mit den früheren vergleichen, kann es sogar sein, dass sich nun andere Assoziationen ergeben haben.

Geschichtsunterricht basiert auf der Vermittlung von Fachwissen, auf dessen Grundlage die Lernenden Sach- und Methodenkompetenzen aufbauen. Hierzu muss das Fachwissen jedoch in Beziehung zueinander gesetzt werden. Nur so kann es dann wiederum zur Entwicklung von historischer Urteils- und Handlungskompetenz genutzt werden. Das ursprüngliche Fachwissen kann somit nicht alleine stehen, sondern muss mit bereits vorhandenen Erkenntnissen in Beziehung gesetzt und somit in unser Wissensnetz eingepflegt werden. In diesem Sinne eignet sich die Methode des KAWAs auch für den Geschichtsunterricht, um einerseits die bestehenden Verbindungen aufzuspüren und andererseits bewusst neue Verbindungen herzustellen.

---

14 Stroh im Kopf?, S. 23.
15 Birkenbihls Denkwerkzeuge, S. 10.
16 Vgl.: Stroh im Kopf, S. 26ff.
17 Birkenbihls Denkwerkzeuge, S. 184.
18 Stroh im Kopf, S. 28.

19 Stroh im Kopf, S. 28.

Einführung: KAWAs, KAGAs und Mindmaps

Eine einfache Übung hierzu könnte z. B. darin bestehen, ein KAWA zu dem Wort Geschichte zu erstellen. Viele Lernende werden sicherlich bei dieser Übung recht schnell an Begriffe wie Geschehenes (G), Epochen (E), Steinzeit (S), Chronologie (C) und ähnliches denken. In diesem Sinne wäre ein KAWA als eine Art Bestandsaufnahme, aber auch als Ergebnissicherung denkbar.

KAGAs

Angelehnt an die Aussage „Ein Bild sagt mehr als tausend Worte" sind KAGAs Verbildlichungen unserer Assoziationen. Die Aufgabe besteht somit darin, eine Visualisierung eines Begriffes oder Sachzusammenhanges vorzunehmen. Jedoch können wir nur von den Dingen, die wir wirklich verstanden und verinnerlicht haben, ein KAGA erstellen. Doch selbst ein (inhaltlich) falsches KAGA, welches korrigiert wird, hilft uns beim Lernen. Denn während bei einer Wortkorrektur meist trotzdem der ursprüngliche Fehler im Gedächtnis bleibt, wird bei der Korrektur des KAGAs auch der Fehler im Gedächtnis korrigiert, da *„der Prozeß einer Bild-Korrektur später dafür sorgt, daß man sich die Korrekturen und damit das neue Bild merkt."*[20]

Um sich in die Methode der KAGAs einzuarbeiten, empfiehlt es sich, Sprichwörter mithilfe eines KAGAs darzustellen. Versuchen Sie beispielsweise, das Sprichwort „Jemand hat mir den Kopf verdreht" oder „Den Kopf in den Sand stecken" zu zeichnen. Noch einfacher wird es, wenn Sie Rollenpositionen, wie z. B. Außenseiter*in oder Anführer*in darstellen. Auch hier werden Sie merken, je häufiger Sie KAGAs erstellen, desto schneller werden Ihnen diese von der Hand gehen.

Wer geübter mit KAWAs und KAGAs ist, kann dazu übergehen, KAWAs und KAGAs zu Schlüsselwörtern zu erstellen: *„Mit einem Stift in der Hand nachdenken, erste Assoziationen ‚kommen' LASSEN, sich einlassen und auf geistige Entdeckungs-Reise gehen."*[21]

---

20 Stroh im Kopf?, S. 29.
21 Stroh im Kopf?, S. 34.

Beispiel für ein KAGA zur neolithischen Revolution

Einführung: KAWAs, KAGAs und Mindmaps

Auch historische Begriffe, Ereignisse oder Prozesse können gut mithilfe eines KAGAs ins Bild gesetzt werden (siehe Beispiel für ein KAGA zur neolithischen Revolution). Sehr oft finden sich Schaubilder in Geschichtsbüchern, um z. B. Hierarchien einer Gesellschaft darzustellen. Hier werden den Lernenden jedoch Visualisierungen vorgegeben, welche nur eingeschränkt verinnerlicht werden und an bestehende Wissensfäden anknüpfen. Aus lernpsychologischer Sicht macht es weitaus mehr Sinn, wenn die Schüler*innen selbst erkennen, wie eine Gesellschaft strukturiert ist und wie sich diese Strukturierung mithilfe eines KAGAs visualisieren lässt.

Exkurs: Fünf kleine KAWA-Tipps

1. Tauchen Buchstaben mehrmals auf und es fallen einfach keine weiteren Assoziationen ein, so können die betreffenden Buchstaben auch nur einmal als Assoziations-Anker verwendet werden.
2. Nicht an einzelnen Buchstaben „festbeißen", sondern Assoziationen so aufschreiben wie sie einfallen. Egal, ob der Buchstabe nun vorn, in der Mitte oder am Ende des Wortes steht. Wichtiger als die Einhaltung der Buchstabenreihenfolge sind die Assoziationen.
3. Wenn einem zu einem Buchstaben absolut nichts einfällt, kann ein Blick in ein Wörterbuch dabei helfen, verborgene Verbindungen aufzudecken.
4. Manchmal muss man kreativ „schummeln": In manchen Fällen hilft es, ergänzende Adjektive oder Verben zu notieren, um einen bestimmten Buchstaben verwenden zu können.
5. Manchmal muss man eine Lücke auch stehen lassen können: Ab und zu fällt einem zu einem bestimmten Buchstaben einfach nichts ein. Eine solche Lücke kann durchaus auch hilfreich sein, da man vielleicht länger über den Begriff oder Sachzusammenhang nachdenkt. Vielleicht fallen einem in den nächsten Tagen sogar mehrere passende oder andere ergänzende Assoziationen ein. Warum diese nicht nachtragen?[22]

Exkurs: „Ich kann nicht zeichnen."

Gerade bei der Erstellung von KAGAs ist man schnell dabei zu sagen: „Ich kann aber doch nicht zeichnen." Dieser Aussage widerspricht Birkenbihl entschieden. Im Sinne eines Selbstexperimentes empfiehlt sie folgende Schritte (Und es ist sinnvoll, diese Schritte wirklich *aktiv* mitzugehen und nicht nur zu lesen!):

1. Zeichnen Sie einen Hund. Wie Sie diesen zeichnen, ist Ihnen überlassen. Wichtig ist nur, dass *Sie* erkennen, dass es sich dabei um einen Hund handelt.
2. Zeichnen Sie nur mithilfe von geraden Linien eine*n Mitläufer*in.
3. Denken Sie an den Ausdruck „Kunde*Kundin König" und gestalten Sie diesen, indem Sie nur einige wenige Linien verwenden.[23]

Diese kleine Übung verwendete Birkenbihl häufig in ihren Seminaren. Dabei fiel folgendes auf:

a. die meisten Teilnehmenden zeichneten einen Hund im Profil und
b. über 80 % der Hunde schaute von rechts nach links.

Und doch: *„Wiewohl man zunächst annimmt, man hätte einen Hund gezeichnet, ist das bei den meisten Hunden (die bei dieser Übung entstehen) **nicht** der Fall, insbesondere bei den meisten der zahlreichen Profil-Hunde."*[24] Denn wenn die Hunde der Teilnehmenden ihren tatsächlichen Lebenserfahrungen entsprungen wären, dann würde dies bedeuten, dass diesen Menschen Hunde bisher mehrheitlich von rechts nach links gehend begegnet wären. Daraus zieht Birkenbihl den Schluss: *„Diese Menschen haben keinen Hund gezeichnet. Was sie tatsächlich gezeichnet haben ist **die Idee eines Hundes**."*[25]

Eine*n Mitläufer*in nur mithilfe von geraden Linien zu zeichnen, *„beweist Ihnen: Wenn Sie schreiben können, dann können Sie zeichnen."*[26] Schreiben ist an dieser Stelle jedoch weit zu verstehen. Gemeint ist hierbei die Fähigkeit, mit einem Schreibgerät Linien zu produzieren. Dementsprechend ist jeder Mensch grundsätzlich dazu fähig, mit ein-

---

22 Vgl.: Stroh im Kopf?, S. 37f. (Vera F. Birkenbihl notiert an dieser Stelle eigentlich „sechs kleine KAWA-Tipps". Der sechste Tipp beinhaltet den Hinweis, doch am besten immer ein eigenes Notizbuch dabei zu haben, um somit jederzeit auch spontane KAWAs oder KAGAs zu erstellen.)

23 Vgl.: Birkenbihls Denkwerkzeuge, S. 27ff.
Ähnlich aufgebaut bei:
Vera F. Birkenbihl: Gehirntraining mit Birkenbihl – KAGA und Mehrfachdenken. In: Gehirn & Geist 02/2002, S. 90ff.
24 Birkenbihls Denkwerkzeuge, S. 30.
25 Birkenbihls Denkwerkzeuge, S. 30.
26 Birkenbihls Denkwerkzeuge, S. 30.

fachsten Mitteln, und seien es nur gerade Linien, eine Idee auszudrücken. Anders gesagt, etwas zu zeichnen. Und da es beim Analografitti darum geht, eine Idee auszudrücken, kann somit auch jede*r analografisch zeichnen.

Am Beispiel „Kunde*Kundin König" zeigt sich darüber hinaus, dass jedes KAGA (und natürlich auch KAWA), das Sie anfertigen, eine Inventur Ihres vorhandenen Repertoires ist. Und jedes Mal, wenn wir wieder eine neue Inventur eines Begriffes vornehmen, *„registriert unser Unterbewußtes unsere Suche und gibt im Laufe der Zeit immer mehr seiner Schätze preis. Je häufiger wir also zum selben Thema reflektieren, desto tiefer und REICH-haltiger werden unsere KaWa.s und KaGa.s."*[27]

Nicht zuletzt sollte man sich klar machen, dass KAWAs und KAGAs *„keinesfalls als saubere, ‚erwachsene' End-Produkte ‚geboren' [werden], sondern sie stellen Ent-WICK-lungs-Prozesse dar, bei denen wir das ‚herauswickeln', was bereits in uns schlummert."*[28] In diesem Sinne sind KAWAs und KAGAs durchaus als Notizen für uns zu verstehen, die nicht zwingend schön, aber gewinnbringend sein sollen.

Mindmapping

Die Methode Mindmapping wählt einen ähnlichen Zugriff wie KAWAs und KAGAs, daher wird sie hier als dritte Methode ergänzt.

Texte in Wort oder Schrift machen einen großen Teil des Unterrichtes aus (Schulbuchtexte, Texte auf Arbeitsblättern, Vorträge von Lernenden oder Lehrenden), gerade auch bei dem Erlernen neuer Inhalte und Sachzusammenhänge. Oft erwarten wir von den Lernenden, dass sie die neuen Informationen zusammentragen und für sich gewinnbringend notieren. Dabei neigen viele Lernende dazu (bzw. wir Lehrkräfte halten sie dazu an), Sätze oder Stichwörter zu formulieren und fortlaufend aufzuschreiben. Die Lernenden erzeugen somit eine lineare Notiz oder anders ausgedrückt, es entsteht ein *„wenig übersichtlicher Schmierzettel, dessen Entzifferung im Nachhinein einige Mühe verursacht."*[29]

Eine Mindmap hingegen, wörtlich übersetzt mit „Gedanken-Landkarte", versucht, den Texten und Gedanken eine übersichtliche Struktur zu geben, sodass man auf einen Blick die wichtigsten Begriffe und Zusammenhänge eines Themas erkennen kann. Damit entfällt die klassisch lineare Struktur eines Notizzettels, da die Erkenntnisse zu einzelnen Kategorien zusammengefasst und unter diesen gebündelt werden.

Viele Lernende neigen dazu, eine Mindmap sehr klein gestalten zu wollen. Das schränkt den assoziativen Charakter, der beim Erstellen einer Mindmap erzeugt werden soll, jedoch erheblich ein. Daher empfiehlt es sich, mindestens ein komplettes DIN-A4-Blatt zu verwenden. Der grundlegende Aufbau einer Mindmap ist sicherlich klar: Der zentrale Hauptbegriff wird in die Mitte des Blattes geschrieben. Anschließend werden einzelne Kategorien wie Äste um diesen Hauptbegriff herum gruppiert und diese wiederrum mit zentralen Merkmalen für diese Kategorien versehen. Eine Mindmap muss nicht auf Worte beschränkt sein. Im Gegenteil, um individuelle Assoziationen aufzugreifen, empfiehlt es sich sogar, auf Symbole, Grafiken oder Ähnliches zurückzugreifen.

Zur besseren Übersichtlichkeit sollten Mindmaps farblich gestaltet werden. Dabei können entweder die Kategorien in einer Farbe und die zentralen Merkmale in einer anderen Farbe markiert werden oder es wird für jeden Ast (Kategorie und Merkmale) eine eigene Farbe genutzt.

Eine Mindmap eignet sich nicht nur als „Notizzettel" zu einem Sachzusammenhang oder als Lernzettel, um wichtige Zusammenhänge zu visualisieren, sondern genauso als Grundlage für eine Präsentation oder einen Vortrag.[30] Die Methode des Mindmapping ist somit *„in nahezu allen Bereichen, in denen Sammeln, Denken, Erinnern, neu Gestalten oder Planen gewünscht sind"*[31], einsetzbar.

Weitere Hinweise zum Material

Die Themenauswahl der Mindmaps, KAWAs und KAGAs bezieht sich auf Lehrplanthemen der 5./6. Klasse. Jedes Thema umfasst ein Arbeitsblatt (mit Aufgabenstellung, Beschreibung der zentralen Arbeitsschritte und Darstellungstext), einen Lö-

---

27 Birkenbihls Denkwerkzeuge, S. 35.
28 Stroh im Kopf, S. 35.
29 Bundeszentrale für politische Bildung (Hrsg.): Methoden-Kiste. 3. Auflage, Bonn 2004, S. 10A.
30 Vgl.: Bundeszentrale für politische Bildung (Hrsg.): Methoden-Kiste. 4. überarbeitete Auflage, Bonn 2010, S. 12f.
31 Bettina Hugenschmidt/Anne Technau: Methoden schnell zur Hand – 66 schüler- und handlungsorientierte Unterrichtsmethoden. 2. Auflage, Seelze 2011, S. 124.

sungsvorschlag sowie ein Hilfeblatt (nur KAGAs und Mindmaps).

Die Lösungsvorschläge sind wirklich als ein möglicher Vorschlag zu einer Lösung zu verstehen! Die Lösungen der Lernenden können auch völlig anders aussehen und trotzdem fachlich korrekt sein! Entscheidend sind ja gerade die fachlich korrekten, aber individuellen Assoziationen, die ein Sachzusammenhang bei den Lernenden erzeugt.

Differenzierung/Hilfestellung:

1. Jedes Arbeitsblatt wird in zwei Differenzierungsstufen angeboten: Text 1 ist sprachlich und syntaktisch reduziert und besitzt gliedernde Teilüberschriften. Außerdem werden zentrale Begriffe hervorgehoben und grundlegende Begriffe erklärt. Text 2 verzichtet auf solche Hilfestellungen und ist somit insgesamt schwieriger.

2. In Anlehnung an die Lösungsvorschläge gibt es ein Hilfeblatt (nur KAGAs und Mindmaps). Für die Erstellung eines KAGAs handelt es sich hierbei um kleinere Bildelemente oder Gruppierungsideen, die die Erstellung des KAGAs anleiten sollen. Für die Erstellung einer Mindmap handelt es sich hierbei um eine vorstrukturierte Mindmap, die einzelne Kategorien oder Unterpunkte vorgibt.

Beide Formen der Hilfestellung sollten auch von den Lernenden als solche verstanden werden. Besonders leistungsstarke Schüler*innen können sich durchaus mit dem schwierigeren Text 2 auseinandersetzen und sich an eigenen Lösungen versuchen – u. U. benötigen sie dafür jedoch den vorstrukturierten Lösungsvorschlag. Für schwächere Lernende ist es sinnvoll, mit dem Text 1 zu beginnen, ggf. zusätzlich mit Hilfeblatt, und nach und nach die Hilfestellungen zu reduzieren.

KAWA: Was ist Geschichte?

Erstelle ein KAWA zum Begriff GESCHICHTE.

1. Lies zuerst das Material aufmerksam durch und markiere die wichtigsten Stellen.
2. Überlege, was die zentralen Merkmale von Geschichte sind.
3. Notiere den Begriff GESCHICHTE in der Mitte eines Blattes und erstelle ein KAWA dazu.

Geschichte unterscheidet sich von Geschichten

Die Begriffe Geschichte und Geschichten liegen nahe beieinander. Und doch bezeichnen beide Begriffe etwas anderes:
- **Geschichten** können zum Beispiel Märchen, eine Fabel oder eine Sage sein. Irgendjemand hat sich eine schöne Geschichte ausgedacht und erzählt diese weiter oder schreibt sie auf.
- **Geschichte** hingegen handelt von den Dingen, die wirklich passiert sind. Außerdem hat Geschichte immer mit Menschen, ihrem Handeln und ihren Lebensweisen zu tun.

Typische Fragen der Geschichte

Geschichte beschäftigt sich mit vielen verschiedenen Dingen. So hat jeder von uns zum Beispiel eine Familiengeschichte. Hier fragen wir uns:
- Wer sind unsere Vorfahren? Wo und wie haben sie gelebt?
- Welche Probleme hatten sie?
- Was haben sie im Vergleich zu uns anders gemacht und warum?
- Was verbindet uns auch heute noch mit ihnen?

Das sind typische Fragen der Geschichte. Genauso kann man auch fragen, wie es anderen Menschen auf der Welt ergangen ist, die vor uns gelebt haben.

Die Zeit als wichtiges Merkmal der Geschichte

Da sich Geschichte mit der Vergangenheit beschäftigt, ist die **Zeit** ein wichtiges Merkmal. Zum Beispiel fragt Geschichte danach, wie die Menschen vor mehr als 2000 Jahren im Römischen Reich gelebt haben oder vor über 500 Jahren im Mittelalter.

Dabei ist es wichtig, die verschiedenen Ereignisse zu ordnen. Nach dem griechischen Gott Chronos wird solch eine zeitliche Reihenfolge auch **Chronologie** genannt. Eine weitere Hilfe zum Ordnen von Geschichte sind die sogenannten **Epochen**.

Epoche

Der Begriff **Epoche** bezeichnet einen Zeitabschnitt, der durch bestimmte Merkmale gekennzeichnet ist. Die wichtigsten Epochen in der Geschichte sind die Antike (von etwa 3000 v. Chr. bis etwa 500 n. Chr.), das Mittelalter (von 500 bis 1500 n. Chr.) und die Neuzeit (ab 1500 n. Chr.).

Die Bedeutung von Quellen

Historikerinnen und Historiker, so nennt man die Personen, die sich als Beruf mit Geschichte beschäftigen, haben ein großes Problem: Sie haben selbst nicht miterlebt, was vor 1000 oder 100 Jahren passiert ist. Sie benötigen daher **Überreste**, die ihnen etwas über die Vergangenheit erzählen. Solche Überreste werden Quellen genannt.

Quellen

Quellen sind Überreste aus der Vergangenheit. Dabei kann es sich um Texte, Bilder, Gegenstände, Ton- oder Videoaufnahmen handeln. Mithilfe von Quellen können wir etwas über die Vergangenheit erfahren.

Warum überhaupt Geschichte?

Warum sollte man sich eigentlich mit Geschichte beschäftigen? Immerhin sind die Dinge doch früher passiert. Das stimmt. Doch wenn wir wissen, wie Menschen früher gehandelt haben, kann allein das schon eine Anleitung für unser heutiges Handeln sein. Sei es, weil wir es besser machen wollen oder weil wir deren Handeln als nachahmenswert betrachten.

KAWA: Was ist Geschichte? — Text 2

Erstelle ein KAWA zum Begriff GESCHICHTE.

1. Lies zuerst das Material aufmerksam durch und markiere die wichtigsten Stellen.
2. Überlege, was die zentralen Merkmale von Geschichte sind.
3. Notiere den Begriff GESCHICHTE in der Mitte eines Blattes und erstelle ein KAWA dazu.

Ein Märchen, eine Fabel oder eine Sage sind Geschichten, die man sich erzählt. Sie sind so, wie sie erzählt werden, nicht geschehen, sondern erfunden. Geschichte dagegen hängt mit Geschehen zusammen. Geschichte handelt von den Dingen, die wirklich passiert sind. Außerdem hat Geschichte immer mit Menschen, ihrem Handeln und ihren Lebensweisen zu tun. Wir fragen also danach, was uns oder anderen Menschen geschehen ist und wie wir oder sie jeweils gelebt haben.

Geschichte ist sehr umfangreich. In Bezug auf die eigene Familie möchten wir zum Beispiel wissen: Wer sind unsere Vorfahren? Wo und wie haben sie gelebt? Welche Probleme hatten sie und wie sind sie damit umgegangen? Was haben sie im Vergleich zu uns anders gemacht und warum? Worin sind wir ihnen ähnlich? Was verbindet uns auch heute noch mit ihnen? In gleicher Weise fragen wir neugierig danach, wie es anderen Menschen auf der Welt ergangen ist, die vor uns gelebt haben. Zum Beispiel: Wie lebten die Menschen im Römischen Reich vor mehr als 2000 Jahren oder im Mittelalter vor über 500 Jahren?

Geschichte hängt immer mit der Frage nach der Zeit zusammen und wir versuchen, die verschiedenen Ereignisse zu ordnen. Nach dem griechischen Gott Chronos wird solch eine zeitliche Reihenfolge auch „Chronologie" genannt.

Eine Statue des Gottes Chronos
(© TwilightArtPictures/stock.adobe.com)

Darüber hinaus sind bestimmte Zeitabschnitte durch typische Merkmale gekennzeichnet. Solche Zeitabschnitte nennt man dann „Epochen". Die drei wichtigsten Epochen in der Geschichte sind das Altertum (Antike), die mittlere Zeit (Mittelalter) und die neue Zeit (Neuzeit). So herrschte im Mittelalter oft der Adel, während das in der Neuzeit eher seltener vorkam. In der Antike hingegen glaubten viele Menschen an mehrere unterschiedliche Götter, während sich im Mittelalter der Glaube an nur einen Gott durchsetzte.

Historikerinnen und Historiker, so nennt man die Personen, die sich als Beruf mit Geschichte beschäftigen, haben aber ein großes Problem: Sie beschäftigen sich oft mit Dingen, die sehr lange zurückliegen. Niemand von ihnen hat selbst miterlebt, was vor 1000 oder 100 Jahren passiert ist. Historikerinnen und Historiker benötigen somit Überreste, die ihnen etwas über die Vergangenheit erzählen. Solche Überreste werden „Quellen" genannt. Denn genau wie der Anfang (die Quelle) eines Flusses, ist eine Geschichtsquelle der Ursprung oder Anfang des Wissens über das, was vermutlich zu einer bestimmten Zeit passiert ist. Quellen können z. B. Texte, Bilder, Gegenstände, Ton- oder Videoaufnahmen sein.

Aber warum sollte man sich überhaupt mit Geschichte beschäftigen, wenn die Dinge doch schon lange vorbei sind? Doch genau in dieser Frage liegt auch schon die Antwort. Denn Dinge aus der Vergangenheit können noch heute auf unser Leben einwirken. So können wir mithilfe der Vergangenheit erklären, warum manche Dinge heute so sind wie sie sind. Oder: Wenn wir wissen, wie Menschen früher gehandelt haben, kann allein das auch schon eine Inspiration für unser eigenes Handeln sein. Sei es, weil wir es besser machen wollen oder weil wir deren Handeln als nachahmenswert betrachten.

Einführung in die Geschichte

KAWA: Was ist Geschichte? – beispielhafte Lösung

GESCHICHTE

- Tatsachen
- Epochen: Antike, Mittelalter, Neuzeit
- Chronos
- Handeln und Verhaltensweisen von Menschen
- Historikerinnen und Historiker
- Inspiration zum Handeln
- Suche nach unserer Herkunft
- Chronologie
- ≠ Geschicht**en**
- Erlebtes

Frank Lauenburg: Mindmap, KAWA & KAGA im Geschichtsunterricht 5/6
© Auer Verlag

Einführung in die Geschichte

Mindmap: Quellenarten – schriftliche Quellen

Text 1

Erstelle gemeinsam mit drei anderen Kindern aus deiner Klasse eine Mindmap über Quellen. Dabei erarbeitet jeder von euch eine der vier Quellenarten. Anschließend fügt ihr eure Informationen in einer gemeinsamen Mindmap zusammen.

1. Lies dein Material aufmerksam durch und markiere die wichtigsten Stellen.
2. Notiere die wichtigsten Informationen stichwortartig auf einem Blatt und überlege, wie du diese in einer Mindmap festhalten würdest. Du kannst auch eine Skizze anfertigen.
3. Nimm dir ein großes Blatt (DIN A3). Schreibe mit einem dicken Stift in die Mitte des Blattes das Thema: Quellen.
4. Notiere nun die wichtigsten Merkmale für schriftliche Quellen in einem Unterpunkt deiner Mindmap.
5. Tauscht euch innerhalb der Gruppe aus und ergänzt eure Mindmaps. Jede der vier Quellenarten bildet dabei einen Unterpunkt. Ihr könnt auch Bilder ergänzen.

Woher wissen wir eigentlich, was früher passiert ist?

Historikerinnen und Historiker wollen etwas über die Vergangenheit herausfinden. Aber die Vergangenheit ist ja schon lange vorbei, manchmal 50, 100, 1000 oder sogar 5000 Jahre.
5 Zum Glück hinterlassen Menschen Überreste, die uns Auskunft über ihr Leben geben können. Diese Überreste nennt man **Quellen**. Sie sind der Ursprung unseres Wissens über vergangene Ereignisse.

Merkmale von schriftlichen Quellen

10 Eine der wichtigsten **Quellenarten** sind die schriftlichen Quellen. Eine schriftliche Quelle ist etwas, was vor langer Zeit von irgendeiner Person aufgeschrieben wurde. Das kann z. B. eine Urkunde, ein Vertrag, ein Brief, eine Rede oder eine Inschrift sein. Manche dieser schriftlichen Quellen wurden mit Absicht
15 hinterlassen, um die Nachwelt zu informieren, zum Beispiel Inschriften. Andere schriftliche Quellen wurden eher zufällig überliefert, wie zum Beispiel private Briefe oder auch einfache Notizen.

Die ältesten schriftlichen Quellen, die bislang gefunden wurden,
20 sind ungefähr 5000 Jahre alt.

Schriftliche Quellen haben einen großen Vorteil vor zum Beispiel mündlichen Überlieferungen: Bei schriftlichen Quellen sind die Informationen häufig genauer und umfassender. Es gibt beispielsweise Texte, die sehr anschaulich und ausführlich über den Alltag
25 im alten Rom berichten.

Wie oder mit was wurde geschrieben?

Heute schreiben wir auf Papier oder tippen einen Text auf dem Computer. Im alten Ägypten und in der Antike wurden Schriftzeichen dagegen oft in Stein gemeißelt oder auf Ton oder
30 Wachs geschrieben, manchmal auch in Metall gestanzt.

Historikerin und Historiker

Dabei handelt es sich um eine Berufsbezeichnung für eine Person, die sich mit Geschichte beschäftigt und diese erforscht.

Quellenarten

Es gibt verschiedene **Arten von Quellen**. Wir unterscheiden zwischen schriftlichen, bildlichen, gegenständlichen und mündlichen Quellen. Jede Quellenart hat besondere Merkmale.

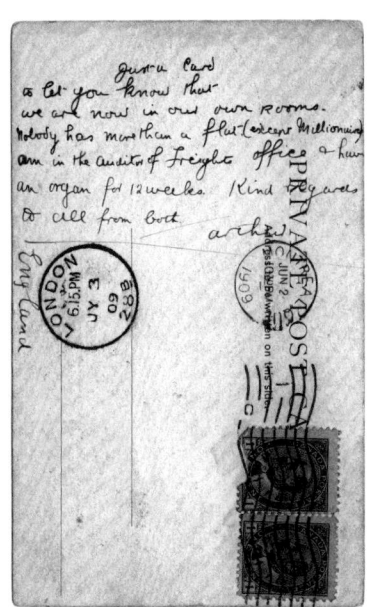

Eine alte Postkarte
(© whitemay / istockphoto.com)

Mindmap: Quellenarten – schriftliche Quellen

Text 2

Erstelle gemeinsam mit drei anderen Kindern aus deiner Klasse eine Mindmap über Quellen. Dabei erarbeitet jeder von euch eine der vier Quellenarten.
Anschließend fügt ihr eure Informationen in einer gemeinsamen Mindmap zusammen.

1. Lies dein Material aufmerksam durch und markiere die wichtigsten Stellen.
2. Notiere die wichtigsten Informationen stichwortartig auf einem Blatt und überlege, wie du diese in einer Mindmap festhalten würdest. Du kannst auch eine Skizze anfertigen.
3. Nimm dir ein großes Blatt (DIN A3). Schreibe mit einem dicken Stift in die Mitte des Blattes das Thema: Quellen.
4. Notiere nun die wichtigsten Merkmale für <u>schriftliche Quellen</u> in einem Unterpunkt deiner Mindmap.
5. Tauscht euch innerhalb der Gruppe aus und ergänzt eure Mindmaps. Jede der vier Quellenarten bildet dabei einen Unterpunkt. Ihr könnt auch Bilder ergänzen.

Woher wissen wir eigentlich, was früher passiert ist? Das Problem von Historikerinnen und Historikern besteht ja gerade darin, dass die Dinge, über die wir etwas erfahren wollen, schon lange vorbei sind – manchmal 50, 100, 1000 oder sogar über 5000 Jahre. Zum Glück hinterlassen Menschen Überreste, die uns Auskunft über ihr Leben geben können. Diese Überreste nennt man
5   Quellen. Sie sind der Ursprung unseres Wissens über vergangene Ereignisse.

Es gibt unterschiedliche Quellenarten: schriftliche, bildliche, gegenständliche und mündliche Quellen. Jede Quellenart verfügt über besondere Merkmale. Eine der wichtigsten Quellenarten sind die schriftlichen Quellen. Eine schriftliche Quelle ist etwas, was vor langer Zeit von irgendeiner Person aufgeschrieben wurde. Das kann z. B. eine Urkunde, ein Vertrag, ein Brief, eine
10 Rede oder eine Inschrift sein. Die Beispiele zeigen, dass manche dieser schriftlichen Quellen mit Absicht hinterlassen wurden, um die Nachwelt zu informieren, z. B. Inschriften. Andere schriftliche Quellen wurden eher zufällig überliefert, wie z. B. private Briefe oder einfache Notizen.

Heute schreiben wir auf Papier oder tippen einen Text auf dem Computer. Das war nicht immer so. In Höhlen finden sich schon erste schriftliche Quellen. Klar, diese schriftlichen Quellen sind
15 andere, als wir sie heute kennen, denn in dieser Zeit wurde die Botschaft noch in Stein gemeißelt. Anderswo wurde Schrift in Ton oder Wachs geritzt, manchmal auch in Metall gestanzt.

Die ältesten schriftlichen Quellen, die bislang gefunden wurden, sind ungefähr 5000 Jahre alt. Gegenüber mündlichen Quellen und dem, was die Menschen sich über die Jahre von Generation zu Generation weitererzählt haben, sind schriftliche Quellen häufig genauer und umfassender. So
20 gibt es beispielsweise Texte, die sehr anschaulich und ausführlich über den Alltag im alten Rom oder Ägypten berichten.

Eine Inschrift von einem antiken römischen Amphitheater aus Pompeji (© Flory / istockphoto.com)

Eine alte Postkarte (© whitemay / istockphoto.com)

Einführung in die Geschichte

Mindmap: Quellenarten – bildliche Quellen

Text 1

Erstelle gemeinsam mit drei anderen Kindern aus deiner Klasse eine Mindmap über Quellen. Dabei erarbeitet jeder von euch eine der vier Quellenarten.
Anschließend fügt ihr eure Informationen in einer gemeinsamen Mindmap zusammen.

1. Lies dein Material aufmerksam durch und markiere die wichtigsten Stellen.
2. Notiere die wichtigsten Informationen stichwortartig auf einem Blatt und überlege, wie du diese in einer Mindmap festhalten würdest. Du kannst auch eine Skizze anfertigen.
3. Nimm dir ein großes Blatt (DIN A3). Schreibe mit einem dicken Stift in die Mitte des Blattes das Thema: Quellen.
4. Notiere nun die wichtigsten Merkmale für bildliche Quellen in einem Unterpunkt deiner Mindmap.
5. Tauscht euch innerhalb der Gruppe aus und ergänzt eure Mindmaps. Jede der vier Quellenarten bildet dabei einen Unterpunkt. Ihr könnt auch Bilder ergänzen.

Woher wissen wir eigentlich, was früher passiert ist?

Historikerinnen und Historiker wollen etwas über die Vergangenheit herausfinden. Aber die Vergangenheit ist ja schon lange vorbei, manchmal 50, 100, 1000 oder sogar 5000 Jahre.
5 Zum Glück hinterlassen Menschen Überreste, die uns Auskunft über ihr Leben geben können. Diese Überreste nennt man **Quellen**. Sie sind der Ursprung unseres Wissens über vergangene Ereignisse.

Merkmale von bildlichen Quellen

10 Eine sehr frühe **Quellenart** sind die bildlichen Quellen. Denn in allen Zeiten der Menschheitsgeschichte finden sich unzählige Bilder, die von Menschen erzeugt wurden. Typische Beispiele sind Höhlenmalereien, Ölgemälde, Graffitis, Karikaturen, Fotos, ja selbst „Schmierereien" auf einem Schülertisch.
15 Mithilfe von bildlichen Quellen kann man vieles über die Vergangenheit erfahren. Was und auch wie etwas gemalt oder fotografiert wurde, kann uns zeigen, was für die Menschen zu der Zeit wichtig war, wie sie gedacht oder was sie sich gewünscht haben. Und auch die verwendeten Materialien erzählen etwas über die Zeit, aus der die Quelle stammt.
20

Wie oder mit was wurden Bilder gemacht?

In der Steinzeit nutzten die Menschen Steine und ritzten damit Bilder in Felswände ein. Oft wurden aber auch Vasen und später Papier oder Leinwände bemalt.

Historikerin und Historiker

Dabei handelt es sich um eine Berufsbezeichnung für eine Person, die sich mit Geschichte beschäftigt und diese erforscht.

Quellenarten

Es gibt verschiedene **Arten von Quellen**. Wir unterscheiden zwischen schriftlichen, bildlichen, gegenständlichen und mündlichen Quellen. Jede Quellenart hat besondere Merkmale.

Klassenfoto von 1950 (© kuco/stock.adobe.com)

Gemälde des französischen Königs Ludwig XVI. aus dem 18. Jahrhundert
(© akg-images/Nimatallah)

Einführung in die Geschichte

Mindmap: Quellenarten – bildliche Quellen — Text 2

Erstelle gemeinsam mit drei anderen Kindern aus deiner Klasse eine Mindmap über Quellen. Dabei erarbeitet jeder von euch eine der vier Quellenarten.
Anschließend fügt ihr eure Informationen in einer gemeinsamen Mindmap zusammen.

1. Lies dein Material aufmerksam durch und markiere die wichtigsten Stellen.
2. Notiere die wichtigsten Informationen stichwortartig auf einem Blatt und überlege, wie du diese in einer Mindmap festhalten würdest. Du kannst auch eine Skizze anfertigen.
3. Nimm dir ein großes Blatt (DIN A3). Schreibe mit einem dicken Stift in die Mitte des Blattes das Thema: Quellen.
4. Notiere nun die wichtigsten Merkmale für bildliche Quellen in einem Unterpunkt deiner Mindmap.
5. Tauscht euch innerhalb der Gruppe aus und ergänzt eure Mindmaps. Jede der vier Quellenarten bildet dabei einen Unterpunkt. Ihr könnt auch Bilder ergänzen.

Woher wissen wir eigentlich, was früher passiert ist? Das Problem von Historikerinnen und Historikern besteht ja gerade darin, dass die Dinge, über die wir etwas erfahren wollen, schon lange vorbei sind – manchmal 50, 100, 1000 oder sogar über 5000 Jahre. Zum Glück hinterlassen alle Menschen Überreste, die uns Auskunft über ihr Leben geben können. Diese Überreste nennt man
5 Quellen. Sie sind der Ursprung unseres Wissens über vergangene Ereignisse.

Es gibt unterschiedliche Quellenarten: schriftliche, bildliche, gegenständliche und mündliche Quellen. Jede Quellenart verfügt über besondere Merkmale. Eine sehr frühe Quellenart sind die bildlichen Quellen. Bilder finden sich in Hülle und Fülle in allen Zeiten der Menschheitsgeschichte in den unterschiedlichsten Formen. Die frühesten bildlichen Quellen stammen aus der Steinzeit,
10 als Menschen mit scharfkantigen Steinen Bilder in Felswände ritzten. Aber auch Ölgemälde auf Leinwand, Graffiti an Hauswänden, Karikaturen in Zeitungen oder „Schmierereien" auf einem Schülertisch sind Beispiele für bildliche Quellen.

Mithilfe von bildlichen Quellen kann man vieles über die Vergangenheit erfahren. Was und auch wie etwas gemalt oder fotografiert wurde, kann uns zeigen, was für die Menschen zu der Zeit
15 wichtig war, wie sie gedacht oder was sie sich gewünscht haben. Und auch die verwendeten Materialien erzählen etwas über die Zeit, aus der die Quelle stammt. So finden sich Bilder nicht nur auf Wänden, sondern z. B. auch auf Vasen, Papier und Leinwänden.

Klassenfoto von 1950 (© kuco / stock.adobe.com)

Gemälde des französischen Königs Ludwig XVI. aus dem 18. Jahrhundert
(© akg-images / Nimatallah)

Einführung in die Geschichte

Mindmap: Quellenarten – gegenständliche Quellen — Text 1

Erstelle gemeinsam mit drei anderen Kindern aus deiner Klasse eine Mindmap über Quellen. Dabei erarbeitet jeder von euch eine der vier Quellenarten.
Anschließend fügt ihr eure Informationen in einer gemeinsamen Mindmap zusammen.

1. Lies dein Material aufmerksam durch und markiere die wichtigsten Stellen.
2. Notiere die wichtigsten Informationen stichwortartig auf einem Blatt und überlege, wie du diese in einer Mindmap festhalten würdest. Du kannst auch eine Skizze anfertigen.
3. Nimm dir ein großes Blatt (DIN A3). Schreibe mit einem dicken Stift in die Mitte des Blattes das Thema: Quellen.
4. Notiere nun die wichtigsten Merkmale für gegenständliche Quellen in einem Unterpunkt deiner Mindmap.
5. Tauscht euch innerhalb der Gruppe aus und ergänzt eure Mindmaps. Jede der vier Quellenarten bildet dabei einen Unterpunkt. Ihr könnt auch Bilder ergänzen.

Woher wissen wir eigentlich, was früher passiert ist?

Historikerinnen und Historiker wollen etwas über die Vergangenheit herausfinden. Aber die Vergangenheit ist ja schon lange vorbei, manchmal 50, 100, 1000 oder sogar 5000 Jahre.
5 Zum Glück hinterlassen Menschen Überreste, die uns Auskunft über ihr Leben geben können. Diese Überreste nennt man **Quellen**. Sie sind der Ursprung unseres Wissens über vergangene Ereignisse.

Merkmale von gegenständlichen Quellen

10 Eine sehr oft auftretende **Quellenart** sind die gegenständlichen Quellen. Gegenständliche Quellen sind alle Dinge, die man greifen kann. Das können so unterschiedliche Gegenstände sein wie eine spitze Metallklinge, eine Scherbe, Münzen, Waffen, Möbelstücke, Werkzeuge oder auch Knochen.
15 Ja selbst Gebäude und Statuen zählen zu gegenständlichen Quellen.

Mithilfe dieser Quellen können wir etwas über die Menschen und ihre Zeit erfahren. Für lange Zeiträume der Geschichte gibt es übrigens nur gegenständliche Quellen, da sich die
20 Schrift erst sehr spät entwickelt hat. Gegenständliche Quellen sind oft schwer zu deuten, denn man braucht hier schon viel Hintergrundwissen, um die Quellen richtig einordnen zu können.

Historikerin und Historiker
Dabei handelt es sich um eine Berufsbezeichnung für eine Person, die sich mit Geschichte beschäftigt und diese erforscht.

Quellenarten
Es gibt verschiedene **Arten von Quellen**. Wir unterscheiden zwischen schriftlichen, bildlichen, gegenständlichen und mündlichen Quellen. Jede Quellenart hat besondere Merkmale.

Eine antike römische Münze (© nevio3/stock.adobe.com)

Eine antike griechische Vase (© kmiragaya/stock.adobe.com)

Einführung in die Geschichte

Mindmap: Quellenarten – gegenständliche Quellen

Text 2

**Erstelle gemeinsam mit drei anderen Kindern aus deiner Klasse eine Mindmap über Quellen. Dabei erarbeitet jeder von euch eine der vier Quellenarten.
Anschließend fügt ihr eure Informationen in einer gemeinsamen Mindmap zusammen.**

1. Lies dein Material aufmerksam durch und markiere die wichtigsten Stellen.
2. Notiere die wichtigsten Informationen stichwortartig auf einem Blatt und überlege, wie du diese in einer Mindmap festhalten würdest. Du kannst auch eine Skizze anfertigen.
3. Nimm dir ein großes Blatt (DIN A3). Schreibe mit einem dicken Stift in die Mitte des Blattes das Thema: Quellen.
4. Notiere nun die wichtigsten Merkmale für gegenständliche Quellen in einem Unterpunkt deiner Mindmap.
5. Tauscht euch innerhalb der Gruppe aus und ergänzt eure Mindmaps. Jede der vier Quellenarten bildet dabei einen Unterpunkt. Ihr könnt auch Bilder ergänzen.

Woher wissen wir eigentlich, was früher passiert ist? Das Problem von Historikerinnen und Historikern besteht ja gerade darin, dass die Dinge, über die wir etwas erfahren wollen, schon lange vorbei sind – manchmal 50, 100, 1000 oder sogar über 5000 Jahre. Zum Glück hinterlassen Menschen Überreste, die uns Auskunft über ihr Leben geben können. Diese Überreste nennt man
5 Quellen. Sie sind der Ursprung unseres Wissens über vergangene Ereignisse.

Es gibt unterschiedliche Quellenarten: schriftliche, bildliche, gegenständliche und mündliche Quellen. Jede Quellenart verfügt über besondere Merkmale.

Eine sehr oft auftretende Quellenart sind die gegenständlichen Quellen. Gegenständliche Quellen sind alle Überreste, die man greifen kann. Das können so unterschiedliche Dinge sein wie eine
10 spitze Metallklinge, eine Scherbe, Münzen, Waffen, Möbelstücke, Werkzeuge oder auch Knochen. Im weitesten Sinne können auch Gebäude und Statuen zu den gegenständlichen Quellen gezählt werden. Alle diese Gegenstände erzählen auf ihre Weise etwas über die Menschen und die Zeit, in der sie entstanden sind. Für lange Zeiträume der Geschichte gibt es übrigens nur gegenständliche Quellen, da sich die Schrift im Verhältnis dazu erst sehr spät entwickelt hat.

15 Gegenständliche Quellen zu deuten, ist manchmal sehr schwierig. Sie können gesammelt zwar viel über das Alltagsleben der Menschen aussagen, liefern aber allein genommen oft nur sehr wenig Informationen.

Eine antike römische Münze (© nevio3/stock.adobe.com)

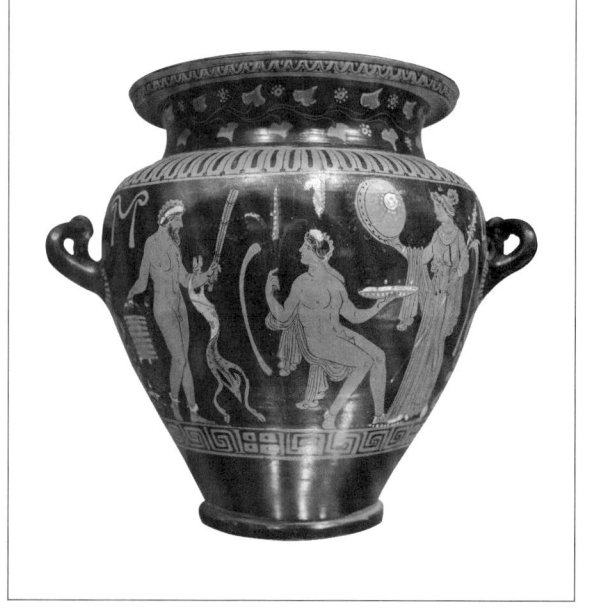

Eine antike griechische Vase (© kmiragaya/stock.adobe.com)

Einführung in die Geschichte

Mindmap: Quellenarten – mündliche Quellen

Text 1

Erstelle gemeinsam mit drei anderen Kindern aus deiner Klasse eine Mindmap über Quellen. Dabei erarbeitet jeder von euch eine der vier Quellenarten. Anschließend fügt ihr eure Informationen in einer gemeinsamen Mindmap zusammen.

1. Lies dein Material aufmerksam durch und markiere die wichtigsten Stellen.
2. Notiere die wichtigsten Informationen stichwortartig auf einem Blatt und überlege, wie du diese in einer Mindmap festhalten würdest. Du kannst auch eine Skizze anfertigen.
3. Nimm dir ein großes Blatt (DIN A3). Schreibe mit einem dicken Stift in die Mitte des Blattes das Thema: Quellen.
4. Notiere nun die wichtigsten Merkmale für mündliche Quellen in einem Unterpunkt deiner Mindmap.
5. Tauscht euch innerhalb der Gruppe aus und ergänzt eure Mindmaps. Jede der vier Quellenarten bildet dabei einen Unterpunkt. Ihr könnt auch Bilder ergänzen.

Woher wissen wir eigentlich, was früher passiert ist?

Historikerinnen und Historiker wollen etwas über die Vergangenheit herausfinden. Aber die Vergangenheit ist ja schon lange vorbei, manchmal 50, 100, 1000 oder sogar 5000 Jahre.
5 Zum Glück hinterlassen Menschen Überreste, die uns Auskunft über ihr Leben geben können. Diese Überreste nennt man **Quellen**. Sie sind der Ursprung unseres Wissens über vergangene Ereignisse.

Merkmale von mündlichen Quellen

10 Schon immer haben Menschen sich etwas erzählt, zum Beispiel von besonderen Erlebnissen, von Leistungen, die sie erbracht haben, oder von Katastrophen, die sie miterlebt haben. Mündliche Quellen sind eine wichtige **Quellenart**, da sie sehr nah an den Gefühlen der Menschen sind. Auch politische
15 Reden und Interviews gehören zu den mündlichen Quellen.

Probleme von mündlichen Quellen

Heutzutage lassen sich Berichte, Interviews oder Reden aufnehmen und so als mündliche Quellen überliefern. Das war aber natürlich nicht immer so. Sprache wurde lange Zeit nur dann überliefert, wenn das
20 Gehörte weitererzählt wurde. Das bringt Probleme mit sich: Ihr habt sicherlich schon einmal das Spiel „Stille Post" gespielt. Oft kommt bei diesem Spiel leider nicht mehr das am Ende heraus, was anfangs gesagt wurde. Das kann dadurch passieren, dass Dinge falsch verstanden, vielleicht aber auch vergessen wurden. Manchmal wurde auch etwas mit Absicht verändert. Mündliche Quellen sind damit teilweise sehr ungenau.

Historikerin und Historiker

Dabei handelt es sich um eine Berufsbezeichnung für eine Person, die sich mit Geschichte beschäftigt und diese erforscht.

Quellenarten

Es gibt verschiedene **Arten von Quellen**. Wir unterscheiden zwischen schriftlichen, bildlichen, gegenständlichen und mündlichen Quellen. Jede Quellenart hat besondere Merkmale.

Auch Interviews gehören zu den mündlichen Quellen. (© PaulShlykov/stock.adobe.com)

Einführung in die Geschichte

Mindmap: Quellenarten – mündliche Quellen

Text 2

Erstelle gemeinsam mit drei anderen Kindern aus deiner Klasse eine Mindmap über Quellen. Dabei erarbeitet jeder von euch eine der vier Quellenarten.
Anschließend fügt ihr eure Informationen in einer gemeinsamen Mindmap zusammen.

1. Lies dein Material aufmerksam durch und markiere die wichtigsten Stellen.
2. Notiere die wichtigsten Informationen stichwortartig auf einem Blatt und überlege, wie du diese in einer Mindmap festhalten würdest. Du kannst auch eine Skizze anfertigen.
3. Nimm dir ein großes Blatt (DIN A3). Schreibe mit einem dicken Stift in die Mitte des Blattes das Thema: Quellen.
4. Notiere nun die wichtigsten Merkmale für mündliche Quellen in einem Unterpunkt deiner Mindmap.
5. Tauscht euch innerhalb der Gruppe aus und ergänzt eure Mindmaps. Jede der vier Quellenarten bildet dabei einen Unterpunkt. Ihr könnt auch Bilder ergänzen.

Woher wissen wir eigentlich, was früher passiert ist? Das Problem von Historikerinnen und Historikern besteht ja gerade darin, dass die Dinge, über die wir etwas erfahren wollen, schon lange vorbei sind – manchmal 50, 100, 1000 oder sogar über 5000 Jahre. Zum Glück hinterlassen Menschen Überreste, die uns Auskunft über ihr Leben geben können. Diese Überreste nennt man
5 Quellen. Sie sind der Ursprung unseres Wissens über vergangene Ereignisse.

Es gibt unterschiedliche Quellenarten: schriftliche, bildliche, gegenständliche und mündliche Quellen. Jede Quellenart verfügt über besondere Merkmale. Mündliche Quellen gehören zu den ältesten, aber auch schwierigsten Quellen. Es ist die Sprache, die Menschen von Tieren unterscheidet. Sprache gehört damit zur kulturellen Entwicklung des Menschen. Schon immer haben
10 Menschen sich etwas erzählt, z. B. von besonderen Erlebnissen, von Leistungen, die sie erbracht haben, oder von Katastrophen, die sie miterlebt haben. Auch politische Reden und Interviews gehören zu den mündlichen Quellen.

Heutzutage lassen sich Berichte, Interviews oder Reden aufnehmen und so als mündliche Quellen überliefern. Das war aber natürlich nicht immer so. Sprache wurde lange Zeit nur dann über-
15 liefert, wenn das Gehörte weitererzählt wurde. Das bringt Probleme mit sich: Ihr habt sicherlich schon einmal das Spiel „Stille Post" gespielt. Oft kommt bei diesem Spiel leider nicht mehr das am Ende heraus, was anfangs gesagt wurde. Das kann dadurch passieren, dass Dinge falsch verstanden, vielleicht aber auch vergessen wurden. Manchmal wurde auch etwas mit Absicht verändert. Mündliche Quellen sind damit teilweise sehr ungenau. Und doch sind sie eine wichtige
20 Quellenart, da sie meist sehr nah an den Gefühlen der Menschen sind und diese wiederspiegeln.

Auch Interviews gehören zu den mündlichen Quellen.
(© PaulShlykov / stock.adobe.com)

Einführung in die Geschichte

Mindmap: Quellenarten – Bildmaterial

Einführung in die Geschichte

Mindmap: Quellenarten – Hilfeblatt

Quellen

- **schriftliche Quellen**
  - Merkmale
  - Beispiele
  - Material
- **mündliche Quellen**
  - Merkmale
  - Beispiele
  - Material
- **bildliche Quellen**
  - Merkmale
  - Beispiele
  - Material
- **gegenständliche Quellen**
  - Merkmale: alle Überreste, die man greifen kann; schwer zu deuten
  - Beispiele/Material

Einführung in die Geschichte

Mindmap: Quellenarten – beispielhafte Lösung

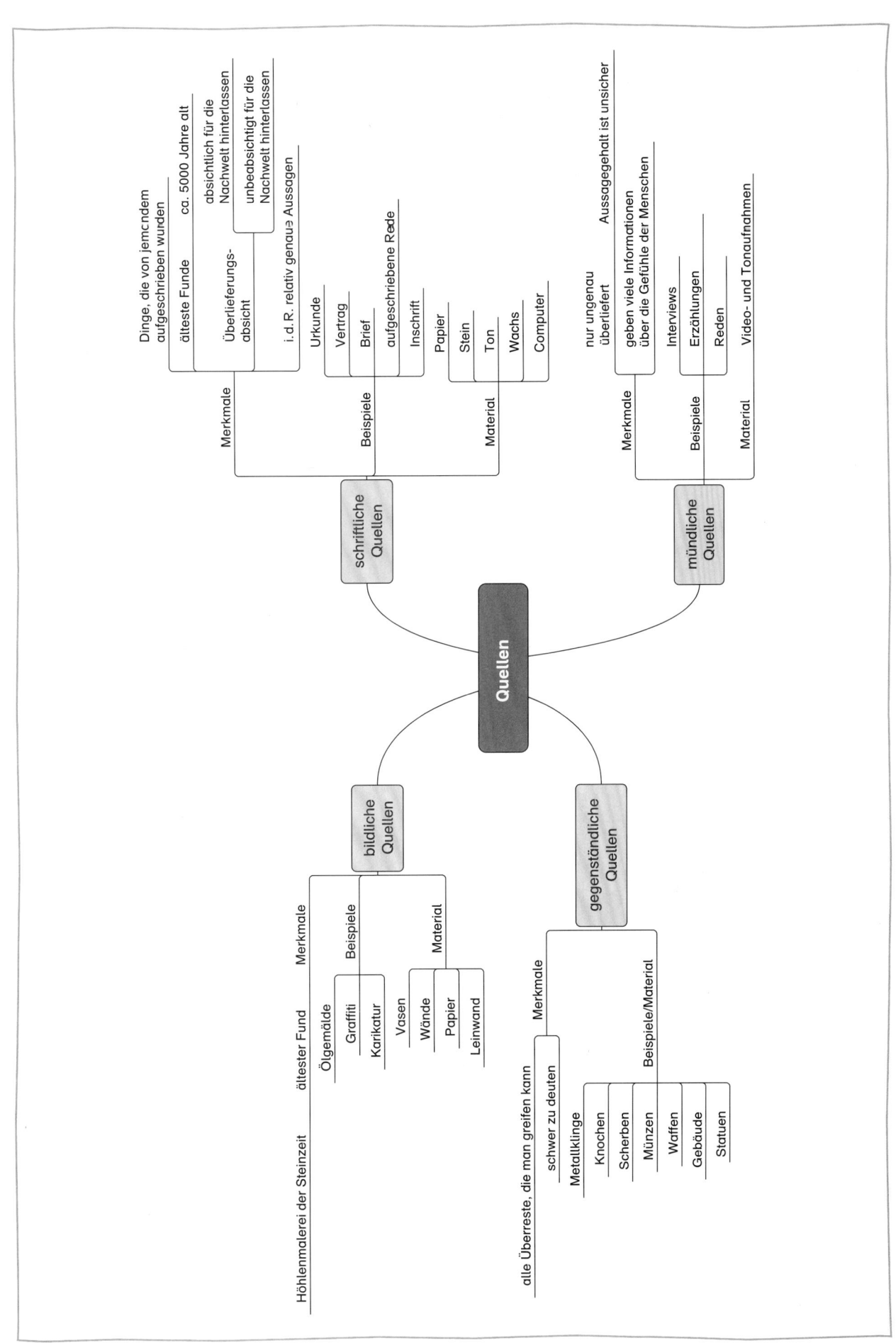

Einführung in die Geschichte

KAWA: Die Arbeit der Archäologinnen und Archäologen — Text 1

Erstelle ein KAWA zum Begriff ARCHÄOLOGIE.

1. Lies zuerst das Material aufmerksam durch und markiere die wichtigsten Stellen.
2. Überlege, was die zentralen Merkmale von Archäologie sind.
3. Notiere den Begriff ARCHÄOLOGIE in der Mitte eines Blattes und erstelle ein KAWA dazu.

Damit wir etwas über die Vergangenheit herausfinden können, benötigen wir **Quellen**, also Überreste aus einer Zeit. Besonders Quellen von längst vergangenen Kulturen sind jedoch nicht immer leicht zu finden, da sie oft tief in der Erde oder in Höhlen versteckt liegen. Solche Quellen müssen gesucht, ausgegraben und ausgewertet werden. Und genau hier beginnt die Arbeit von **Archäologinnen und Archäologen**. Archäologie bedeutet wörtlich übersetzt **Altertumskunde**.

> **Quellen**
>
> **Quellen** sind Überreste aus der Vergangenheit. Dabei kann es sich zum Beispiel um Texte, Gegenstände oder Bilder handeln. Mithilfe von Quellen können wir etwas über die Vergangenheit herausfinden.

Womit arbeiten Archäologinnen und Archäologen?

Sie nutzen verschiedene Methoden und Hilfsmittel, um **Überreste** vergangenen Lebens zu finden. Die wichtigsten Hilfsmittel sind Spaten und Spitzhacke, denn damit können **Sand- und Gesteinsschichten** abgetragen werden. Für die Feinarbeit nutzen sie vor allem Pinsel, um **Funde** vorsichtig freizulegen und sie nicht zu beschädigen.

Luftaufnahmen helfen dabei, überhaupt erstmal Orte zu finden, an denen sich Überreste vergangener Zeiten befinden könnten: Wachsen zum Beispiel Pflanzen an einer Stelle auffällig anders als in der Umgebung, so kann dies auf menschliches Leben in einer weit zurückliegenden Zeit hinweisen.

Wie arbeiten Archäologinnen und Archäologen?

1. Die **Ausgrabungsstätte** wird vermessen, gekennzeichnet und in Quadrate eingeteilt. So kann später genau beschrieben werden, wo, also in welchem Quadrat, ein Objekt gefunden wurde.
2. Dann werden die oberen Schichten vorsichtig abgetragen, bis erste Funde sichtbar werden. Die hierbei gelockerte Erde muss vorsichtig gesiebt werden, da sich hierin kleine Überreste befinden könnten.
3. Alle Funde werden vorsichtig mit feinen **Werkzeugen** freigelegt und fotografiert.
4. Jeder Arbeitsschritt und jeder Fund wird genauestens in ein **Grabungstagebuch** eingetragen. Dies ist wichtig für die spätere Auswertung der Funde.

Für die Auswertung werden alle Funde in ein **Labor** gebracht. Dort versuchen Wissenschaftlerinnen und Wissenschaftler, das Alter der Funde zu bestimmen. Einen ersten Hinweis geben die unterschiedlichen Erdschichten bzw. die genaue Fundstelle. Denn meist liegen ältere Funde tiefer im Boden. Bei der Auswertung arbeiten Archäologinnen und Archäologen mit anderen Wissenschaftlerinnen und Wissenschaftlern zusammen, zum Beispiel aus dem Bereich **Geologie** (Erforschung des Aufbaus, der Entstehung und der Entwicklung der Erde) und **Biologie**, um möglichst viel über die Funde und somit über das Leben in lange vergangenen Zeiten herauszufinden.

Archäologinnen und Archäologen bei der Arbeit an einer Ausgrabungsstätte in Athen (© LinasM/stock.adobe.com)

KAWA: Die Arbeit der Archäologinnen und Archäologen — Text 2

Erstelle ein KAWA zum Begriff ARCHÄOLOGIE.

1. Lies zuerst das Material aufmerksam durch und markiere die wichtigsten Stellen.
2. Überlege, was die zentralen Merkmale von Archäologie sind.
3. Notiere den Begriff ARCHÄOLOGIE in der Mitte eines Blattes und erstelle ein KAWA dazu.

Damit wir etwas über die Vergangenheit herausfinden können, benötigen wir Quellen, also Überreste aus einer Zeit. Vor allem schriftliche und viele bildliche Quellen sind gut überliefert und werden in Archiven oder Bibliotheken aufbewahrt. Je weiter eine Zeit jedoch zurückliegt, desto schwieriger wird es, Quellen aus dieser Zeit zu finden. Wissenschaftlerinnen und Wissenschaftler machen
5 sich daher auf die mühsame Suche nach Überresten in Form von gegenständlichen Quellen, z. B. Alltagsgegenstände, Gebäudereste oder Knochen. Diese sind jedoch nicht immer leicht zu finden, da sie oft tief in der Erde oder in Höhlen versteckt liegen. Solche Quellen müssen gesucht, ausgegraben und ausgewertet werden. Und genau hier beginnt die Arbeit von Archäologinnen und Archäologen. Archäologie bedeutet wörtlich übersetzt Altertumskunde.

10 Archäologinnen und Archäologen nutzen verschiedene Methoden und Hilfsmittel, um Überreste vergangenen Lebens zu finden. Hierzu zählen nicht nur Spaten und Spitzhacke, um größere Sand- und Gesteinsschichten abzutragen, sondern auch Pinsel für Feinarbeiten oder Metalldetektoren, um beispielsweise Münzen aufzuspüren.

Luftaufnahmen helfen dabei, überhaupt erstmal Orte zu finden, an denen sich Überreste ver-
15 gangener Zeiten befinden könnten: Wachsen Pflanzen an einer Stelle auffällig anders als in der Umgebung oder lassen sich bestimmte Merkmale wie Unebenheiten auf dem Erdboden erkennen, so kann dies auf menschliches Leben in einer weit zurückliegenden Zeit hinweisen.

Wie arbeiten Archäologinnen und Archäologen?

Für eine archäologische Ausgrabung wird zuerst die Grabungsstätte vermessen, gekennzeichnet
20 und in Quadrate eingeteilt. So kann später genau beschrieben werden, wo, also in welchem Quadrat, ein Objekt gefunden wurde.

Anschließend werden die oberen Schichten Erde Zentimeter für Zentimeter vorsichtig abgetragen, bis erste Funde sichtbar werden.
25 Die abgetragene Erde wird vorsichtig gesiebt, denn auch hierin können sich kleine Überreste befinden. Alle Funde werden mit feinen Werkzeugen – zum Teil sogar mit Pinseln – freigelegt und fotografiert. Jeder Arbeitsschritt
30 und jeder Fund wird hierbei genauestens in ein Grabungstagebuch eingetragen. Dies ist wichtig für die spätere Auswertung der Funde. Für die Auswertung werden alle Funde in ein Labor gebracht. Hier versuchen Wissenschaft-
35 lerinnen und Wissenschaftler das Alter der

Archäologinnen und Archäologen bei der Arbeit an einer Ausgrabungsstätte in Athen (© LinasM / stock.adobe.com)

Funde zu bestimmen. Einen ersten Hinweis geben die unterschiedlichen Erdschichten bzw. die genaue Fundstelle. Denn meist liegen ältere Funde tiefer im Boden.

Für die Auswertung der Funde arbeiten Archäologinnen und Archäologen mit anderen Wissenschaftlerinnen und Wissenschaftlern zusammen, z. B. aus dem Bereich Geologie (Erd- und
40 Gesteinsforschung) und Biologie, um möglichst viel über die Funde und somit über das Leben in lange vergangenen Zeiten herauszufinden. Außerdem stellen Archäologinnen und Archäologen auch Dinge nach, um Vermutungen, z. B. über den Einsatz alter Werkzeuge, überprüfen zu können. Das nennt man dann experimentelle Archäologie.

KAWA: Die Arbeit der Archäologinnen und Archäologen – beispielhafte Lösung

ARCHÄOLOGIE

- gegenständliche Quellen
- Erdschichten untersuchen
- Zusammenarbeit mit Geologinnen und Geologen
- Funde inventarisieren
- Oberfläche vorsichtig freilegen
- im Labor untersuchen
- offenlegen
- Abschnitte einteilen
- Luftaufnahmen / Landschaft untersuchen
- spezielle Historikerinnen und Historiker
- Chaos sortieren
- Hinweise finden
- Altertumskunde
- (Über-)Reste menschlichen Lebens auswerten

Frank Lauenburg: Mindmap, KAWA & KAGA im Geschichtsunterricht 5/6
© Auer Verlag

Einführung in die Geschichte

KAGA: Stufen der menschlichen Entwicklung — Text 1

Erstelle ein KAGA zu den Stufen der menschlichen Entwicklung.

1. Lies zuerst das Material aufmerksam durch.
2. Markiere die wichtigsten Stellen. Am besten nutzt du für jede der drei Stufen der menschlichen Entwicklung eine andere Farbe.
3. Überlege, was die wichtigsten Erkenntnisse zu den drei Stufen der menschlichen Entwicklung sind. Erstelle ein KAGA.

Stufe 1: Der „Südliche Affe"

1974 fanden **Archäologen** ein menschenähnliches Skelett. Nach einem Song der Gruppe „The Beatles" benannten sie den Fund **Lucy**.

5 Folgendes fand man heraus:
- Lucy lebte vor etwa 3,2 Millionen Jahren.
- Sie war etwa 1,20 m groß.
- Lucy hatte ein Gewicht von gerade einmal 30 kg.
- Lucy war vermutlich zwischen 20 und 30 Jahre alt.
10 - Obwohl Lucy vermutlich viel kletterte, konnte sie auf zwei Beinen gehen.
- Vermutlich war Lucy weiblich.
- Lucy hatte große Backenzähne. Vermutlich hat sie sich hauptsächlich von Pflanzen ernährt.
15 - Das Gehirn hatte ein Volumen von etwa 420 cm^3 und war damit ähnlich groß wie das eines Menschenaffen.

Aufgrund all dieser Merkmale wird Lucy der Gruppe **„Australopithecus afarensis"** zugeordnet. Über-
20 setzt bedeutet dieser Ausdruck **„südlicher Affe"**. Ob Lucy mit der Gattung Mensch verwandt war, ist ungeklärt, jedoch sehr wahrscheinlich. Fakt ist, dass der Australopithecus afarensis sowohl affenähnliche, als auch menschenähnliche Merkmale besaß.

Stufe 2: Der „Homo erectus"

1984 fanden **Archäologen** in Kenia in der Nähe des Turkana-Sees das Skelett eines Vormenschen. Aufgrund des Fundortes wird dieses auch als **Turkana-Junge** bezeichnet. Schnell stellte sich
30 heraus, dass es sich hierbei um einen neuen Typ der menschlichen Entwicklung handelte.

Folgendes fand man heraus:
- Der Turkana-Junge lebte vor etwa 1,6 Millionen Jahren.
- Er war etwa 1,60 m groß.
35 - Der Turkana-Junge hatte ein Gewicht von etwa 48 kg.
- Man geht davon aus, dass der Turkana-Junge noch nicht erwachsen war. Vermutlich war er erst 10 Jahre alt.
- Am Knochenbau kann man sehen, dass der Turkana-Junge auf zwei Beinen ging und ein guter Läufer gewesen sein muss.
40 - Das Gehirn hatte ein Volumen von etwa 880 cm^3.

Archäologin und Archäologe

Personen mit diesem Beruf suchen nach Orten, an denen früher möglicherweise Menschen gelebt haben. Dort machen sie Ausgrabungen, um so etwas über die Geschichte der Menschen herauszufinden.

Das Skelett von Lucy; im Hintergrund sieht man Fußabdrücke eines Australopithecus afarensis
(© akg/Science Photo Library)

KAGA: Stufen der menschlichen Entwicklung   Text 1

All diese Erkenntnisse zusammen führten zu der Vermutung, dass der Turkana-Junge als Erwachsener wohl mindestens 1,80 m groß und 68 kg schwer gewesen wäre.

Der Turkana-Junge wird der Gruppe **„Homo erectus"** zugeordnet. Übersetzt bedeutet dieser Ausdruck **„aufrecht gehender Mensch"**. Wissenschaftlerinnen und Wissenschaftler gehen davon aus, dass der Turkana-Junge noch keine Sprache verwendete.

Stufe 3: Der „Homo sapiens"

Der moderne Mensch wird als **„Homo sapiens"** bezeichnet. Übersetzt bedeutet dieser Ausdruck soviel wie **„der vernunftbegabte Mensch"**. Der Homo sapiens entwickelte sich vermutlich vor etwa 100 000 bis 200 000 Jahren.

Die ältesten Funde des Homo sapiens stammen aus Afrika. Damit gilt Afrika als die „Wiege des modernen Menschen". Von Afrika aus verbreitete sich der Homo sapiens in andere Regionen der Welt.

Vor etwa 40 000 Jahren trafen Homo sapiens und Homo erectus aufeinander. Wissenschaftlerinnen und Wissenschaftler können heute nachweisen, dass sich diese beiden Menschentypen fast nicht miteinander vermischten. Letztlich konnte sich der Homo sapiens als höher entwickelte Spezies durchsetzen. Andere Vormenschen starben schrittweise aus. Der Homo erectus ist somit kein direkter Vorfahre des Homo sapiens, sondern eher ein entfernter Verwandter.

Besondere Merkmale des Homo sapiens sind:
- Er geht aufrecht und benutzt die Hände zum Beispiel für Werkzeuge.
- Er hat eine durchschnittliche Größe von 1,65–1,80 m.
- Sein Gehirn hat ein Volumen von etwa 1700 cm^3.
- Er ernährt sich von Pflanzen und Tieren.
- Er besitzt eine komplexe Sprache, stellt Kunstwerke her und bestattet seine Toten.

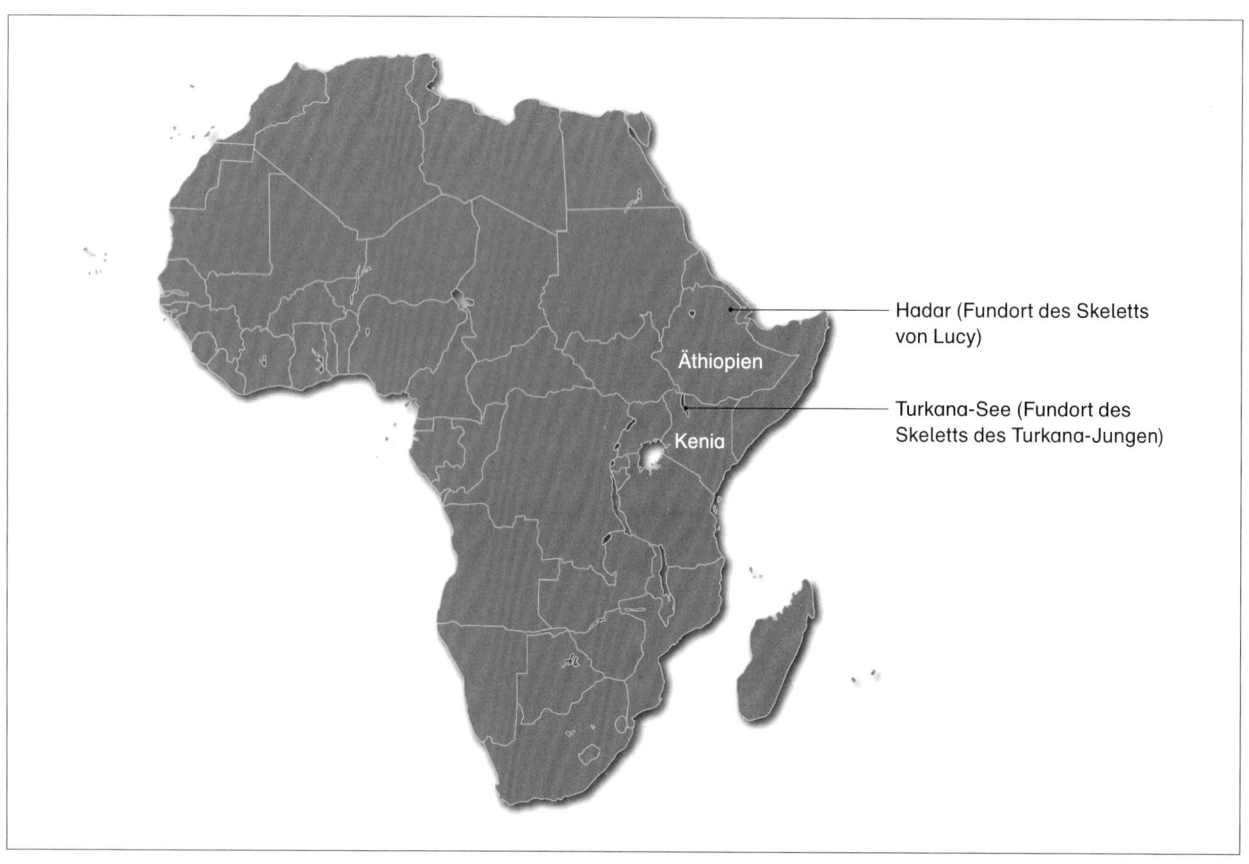

(© ufotopixl10/stock.adobe.com)

Steinzeit

KAGA: Stufen der menschlichen Entwicklung — Text 2

Erstelle ein KAGA zu den Stufen der menschlichen Entwicklung.

1. Lies zuerst das Material aufmerksam durch.
2. Markiere die wichtigsten Stellen. Am besten nutzt du für jede der drei Stufen der menschlichen Entwicklung eine andere Farbe.
3. Überlege, was die wichtigsten Erkenntnisse zu den drei Stufen der menschlichen Entwicklung sind. Erstelle ein KAGA.

1974 machten die beiden Archäologen Donald Johanson und Tom Gray bei Ausgrabungen in Äthiopien einen sensationellen Fund. Sie entdeckten Teile eines sehr alten menschenähnlichen Skeletts. Dieses tauften sie auf den Namen Lucy. Denn angeblich hörten die beiden Archäologen gerade ihren Lieblingssong „Lucy in the sky with diamonds" von der Gruppe „The Beatles", als sie die Skelettteile fanden.

Nach intensiver Arbeit an den Knochenfunden konnten die Wissenschaftler nachweisen, dass Lucy vor etwa 3,2 Millionen Jahren gelebt hat. Doch damit nicht genug: Sie fanden außerdem heraus, dass das Gesamtskelett eine Größe von etwa 1,20 m hatte und dass Lucy wohl mindestens 20 und maximal 30 Jahre alt war. Aufgrund der Abnutzung der Knochen und einzelner Gelenke schlossen die Wissenschaftler, dass Lucy vermutlich ein Gesamtgewicht von gerade einmal 30 kg hatte und schon auf zwei Beinen gehen konnte. Auch wenn sie vermutlich noch viel kletterte.

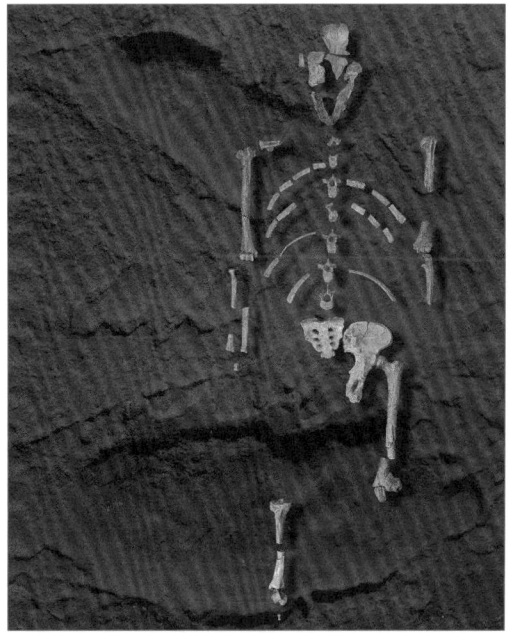

Das Skelett von Lucy; im Hintergrund sieht man Fußabdrücke eines Australopithecus afarensis (© akg / Science Photo Library)

Die Beckenstellung und der gesamte Körperbau weisen darauf hin, dass Lucy weiblich war. Auch die Zähne verraten viel über Lucy: Da sie große Backenzähne hatte, ernährte sie sich wohl hauptsächlich von Pflanzen. Ihr Gehirn hatte ein Volumen von etwa 420 cm^3 und war damit ähnlich groß wie das eines Menschenaffen.

Lucy wird dem Typ des Australopithecus afarensis zugerechnet. Übersetzt bedeutet dieser Ausdruck „südlicher Affe". Ob Lucy mit der Gattung Mensch verwandt war, ist ungeklärt, jedoch sehr wahrscheinlich. Fakt ist, dass der Australopithecus afarensis sowohl affenähnliche, als auch menschenähnliche Merkmale besaß.

10 Jahre später, im Jahr 1984, fanden Archäologen im afrikanischen Nordkenia ein weiteres Skelett eines Vormenschen. Schnell stellte sich heraus, dass es sich hierbei um einen neuen Typ der menschlichen Entwicklung handelte. Dieser neue Typ wird heute nach dem Fundort in der Nähe des Turkana-Sees als Turkana-Junge bezeichnet. Der Fund war im Vergleich zu Lucy noch beeindruckender, da Schritt für Schritt das vollständige Skelett freigelegt werden konnte.

Eine Untersuchung der Knochen zeigte, dass es sich um das Skelett eines männlichen Vormenschen handelte, der vor etwa 1,6 Millionen Jahren gelebt hat. Am Knochenbau ließ sich erkennen, dass er auf zwei Beinen ging und ein guter Läufer gewesen sein muss. Deshalb nannte man den Typ „Homo erectus" (aufrecht gehender Mensch). Trotz einer Körpergröße von 1,60 m und eines vermuteten Gewichtes von 48 kg war der Turkana-Junge noch nicht erwachsen, als er starb. Ein Vergleich der Zahnentwicklung mit der Hirngröße (Volumen von etwa 880 cm^3) ergab, dass der Turkana-Junge wohl etwa 10 Jahre alt war. Zweifellos wäre er noch gewachsen. Als Erwachsener hätte er vermutlich eine Körpergröße von mindestens 1,80 m und ein Gewicht von 68 kg erreicht.

Auch wenn das Gehirn schon relativ groß war, so glauben Wissenschaftlerinnen und Wissenschaftler nicht, dass der Typ des Homo erectus eine besonders hoch entwickelte Sprache verwendete. Ihm fehlten die Nervenstränge, um viele Laute zu erzeugen. Ob er schon das Feuer beherrschte? Wir wissen es nicht. Auch wissen wir leider nicht, woran der Turkana-Junge gestorben ist.

Der moderne Mensch wird der Gattung des „Homo sapiens" zugerechnet. Übersetzt bedeutet dieser Ausdruck soviel wie „der vernunftbegabte Mensch". Der Homo sapiens entwickelte sich vermutlich vor etwa 100 000 bis 200 000 Jahren.

Die ältesten Funde weisen darauf hin, dass der Homo sapiens aus Afrika stammt und Afrika somit als die „Wiege des modernen Menschen" gilt. Der Typ des Homo sapiens verbreitete sich von hieraus in andere Regionen der Welt. Dabei traf er vermutlich vor 40 000 Jahren u. a. auf den weniger entwickelten Homo erectus. Aufgrund der sehr unterschiedlichen Gene dieser zwei Typen lässt sich nachweisen, dass diese sich fast gar nicht miteinander vermischten.

Letztlich konnte sich der Homo sapiens als höher entwickelte Spezies durchsetzen, während andere Spezies schrittweise ausstarben. Der Homo erectus ist somit kein direkter Vorfahre des Homo sapiens, sondern eher ein entfernter Verwandter.

Der Homo sapiens hat eine durchschnittliche Größe von 1,65 bis 1,80 m und ernährt sich von Pflanzen und Tieren. Er geht aufrecht und hat somit die Hände frei für die Nutzung von Werkzeugen. Außerdem entwickelte er im Laufe der Zeit eine hoch entwickelte Sprache zur Kommunikation. Er stellte schon früh erste Kunstwerke her in Form von Höhlenmalereien und bestattet seine Toten. All diese Fähigkeiten verdankt der Homo sapiens vor allem seinem Gehirnvolumen (etwa 1700 cm^3).

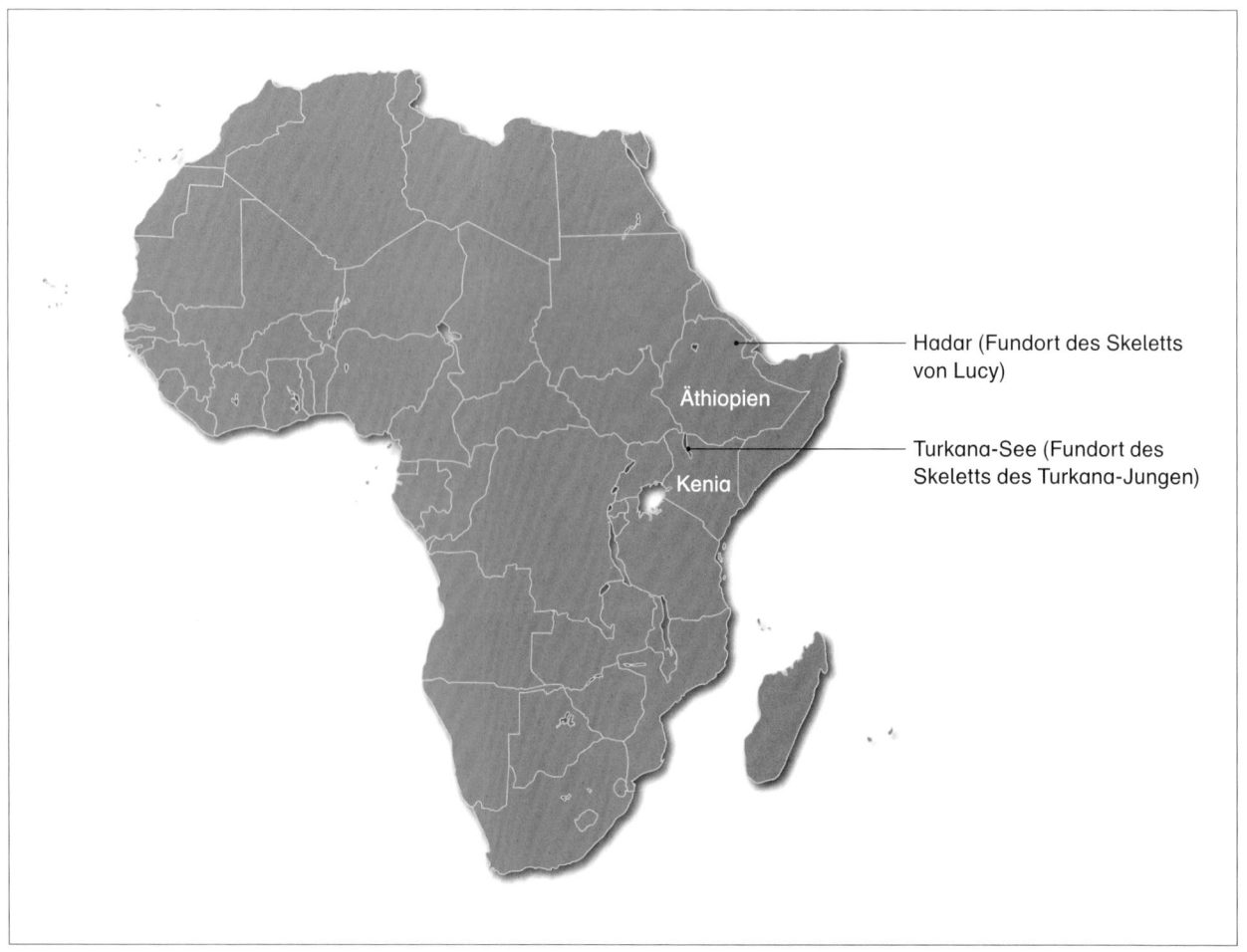

(© ufotopixl10/stock.adobe.com)

KAGA: Stufen der menschlichen Entwicklung – Hilfeblatt

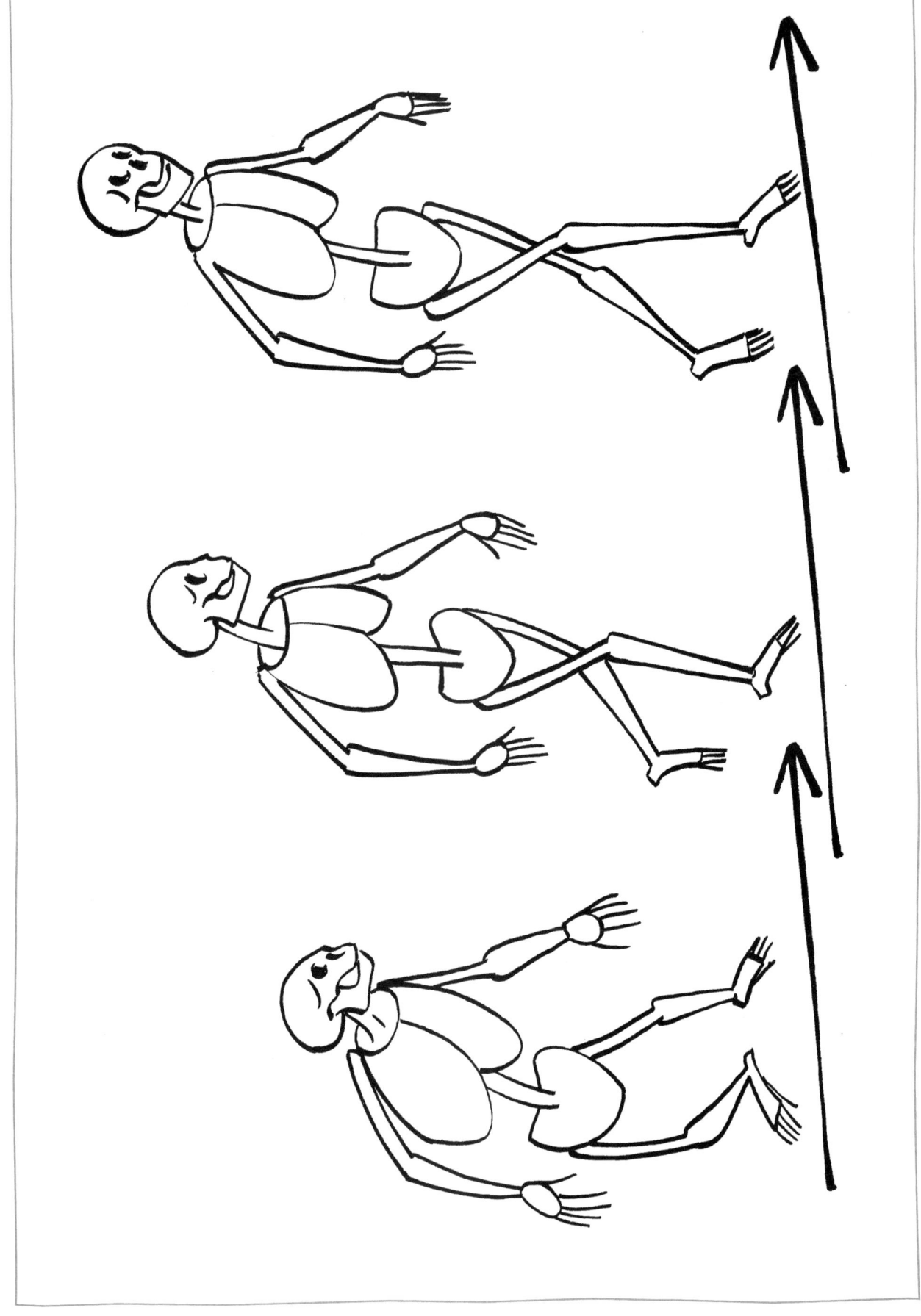

Steinzeit

KAGA: Stufen der menschlichen Entwicklung – beispielhafte Lösung

homo sapiens (vernunftbegabter Mensch)
1700 cm³
1,65 m – 1,85 m
vor ca. 100.000 – 200.000 Jahren

homo erectus (aufrecht gehender Mensch)
880 cm³
68 kg
1,60 m – 1,85 m
vor ca. 1,6 Mio. Jahren

australopithecus afarensis (südlicher Affe)
420 cm³
36 kg
1,20 m
vor ca. 3,2 Mio. Jahren

Steinzeit

Mindmap: Leben in der Steinzeit

Text 1/2

Erstelle eine Mindmap über das Leben in der Steinzeit. Stelle hierbei die Unterschiede zwischen der Alt- und Jungsteinzeit heraus.

1. Schaue dir die beiden Bilder genau an.
2. Überlege, was wichtige Informationen sind. Notiere diese stichwortartig in einer Tabelle. Unterscheide dabei zwischen der Alt- und Jungsteinzeit.
3. Finde passende Kategorien, um deine Notizen zu ordnen (z. B. Nahrung, Tätigkeiten), und markiere sie entsprechend.
4. Nimm ein großes Blatt (DIN A3). Schreibe mit einem dicken Stift in die Mitte des Blattes das Thema der Mindmap: Leben in der Steinzeit.
5. Gruppiere die wichtigsten Informationen stichwortartig um das Thema. Nutze hierfür die Begriffe Alt- und Jungsteinzeit sowie deine Kategorien aus Aufgabe 3 als Unterpunkte.

Die frühen Epochen der Menschheitsgeschichte werden darin unterschieden, aus welchen Materialien die verwendeten Werkzeuge hauptsächlich bestanden. In der Steinzeit nutzten die Menschen behauene Steine als Material für Waffen und Werkzeuge. Man unterscheidet dabei zwischen der Altsteinzeit (etwa 40 000 bis 10 000 v. Chr.) und der Jungsteinzeit (etwa 10 000 bis 4000 v. Chr.).
5 Darauf folgten die Bronzezeit und die Eisenzeit.

Altsteinzeit (© Walter Lob)

Jungsteinzeit (© Walter Lob)

Steinzeit

Mindmap: Leben in der Steinzeit – Hilfeblatt

Leben in der Steinzeit

- **Jungsteinzeit**
  - Zeit
  - Kleidung
  - Behausung
  - Nahrung
  - Schmuck
  - Tätigkeiten

- **Altsteinzeit**
  - Zeit
  - Kleidung
  - Behausung
  - Nahrung
  - Schmuck
  - Tätigkeiten

Mindmap: Leben in der Steinzeit – beispielhafte Lösung

Leben in der Steinzeit

Jungsteinzeit
- Zeit: 10 000–4000 v. Chr.
- Kleidung: verarbeitete Felle
- Behausung: feste Häuser aus Holz mit Strohdach
- Nahrung:
  - Ackerbau
  - Viehzucht
- Schmuck: bearbeitete Steine und Knochen
- Tätigkeiten:
  - Ackerbauer
  - Wasser holen
  - Häuser bauen
  - Geerntetes verarbeiten
  - Tiere versorgen

danach folgten die Bronze- und Eisenzeit

Altsteinzeit
- Zeit: 40 000–10 000 v. Chr.
- Kleidung: Felle
- Behausung: Höhle, Tipi (verarbeitete Tierfelle)
- Nahrung: Gejagtes und Gesammeltes
- Schmuck: Tierknochen
- Tätigkeiten:
  - Jäger
  - Sammler
  - gejagte Tiere verarbeiten

in dieser Phase benutzten die Menschen v. a. behauene Steine, um daraus Waffen oder Werkzeuge herzustellen

Steinzeit

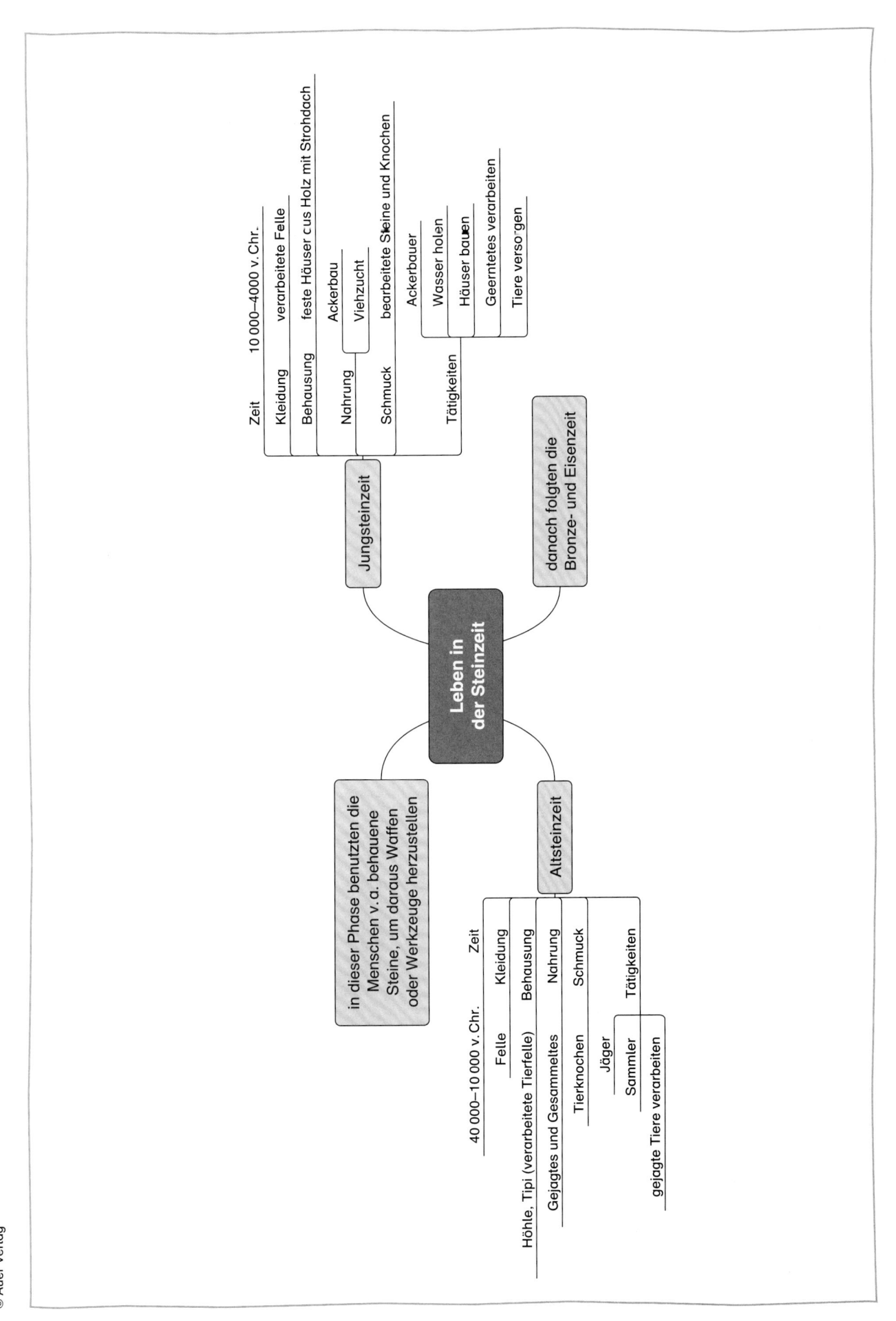

KAGA: Die neolithische Revolution

Erstelle ein KAGA über die neolithische Revolution.

1. Lies zuerst das Material aufmerksam durch.
2. Markiere die wichtigsten Stellen.
3. Überlege, was die wichtigsten Erkenntnisse über die neolithische Revolution sind. Erstelle daraus ein KAGA.

Was meint der Begriff „neolithische Revolution"?

Historikerinnen und Historiker benennen unterschiedliche **Epochen** der Menschheitsgeschichte danach, aus welchen Materialien die Menschen ihre
5 **Werkzeuge** herstellten. So verwendeten die Menschen in der **Steinzeit** meist behauene Steine als Werkzeug.

In der Steinzeit unterscheidet man außerdem zwischen der **Alt-** und **Jungsteinzeit**. In beiden Phasen
10 lebten die Menschen ganz unterschiedlich. Da diese Unterschiede so groß und bedeutend waren, wird der Übergang von der Alt- zur Jungsteinzeit sogar als Revolution bezeichnet. Man spricht hier von der **neu-steinzeitlichen Revolution**. Der Fachbegriff
15 lautet **neolithische Revolution**.

Wie kam es zu den Veränderungen?

Über 100 000 Jahre lang jagten und sammelten die Menschen ihre Nahrung. Dafür zogen sie umher und lebten in Zelten oder Höhlen. Zwischen 10 000 und
20 4000 v. Chr. begannen die Menschen jedoch, **Viehzucht** und **Ackerbau** zu betreiben. Das war ein ungeheurer Entwicklungssprung! Denn jetzt mussten sie nicht mehr auf der Suche nach Nahrung umherziehen, sondern konnten an einem Ort bleiben und hier ihre Nahrung anbauen und züchten. Die Menschen wurden **sesshaft**.

25 Wissenschaftlerinnen und Wissenschaftler sind sich einig, dass eine Klimaveränderung diesen Wechsel ausgelöst hat. Vor etwa 12 000 Jahren endete die letzte Eiszeit und es wurde langsam wärmer. Die Menschen begannen, Getreidekörner zu säen und zu ernten. Gleichzeitig gelang es, wilde Tiere zu zähmen. So konnten auch größere Siedlungen mit mehreren tausend Einwohnern entstehen.

30 Genau dieser Übergang vom umherziehenden Jäger und Sammler zum sesshaften Ackerbauern und Viehzüchter war so bahnbrechend, dass er als neolithische Revolution bezeichnet wird.

Welche Rolle spielten Frauen bei diesem Übergang?

In der Altsteinzeit waren die Männer meist **Jäger** und die Frauen, Kinder und Alten **sammelten** Früchte und Pflanzen. Beide Gruppen waren wichtig, um das Überleben der Sippe zu sichern.
35 Frauen kannten sich somit sehr gut mit Pflanzen aus. Sie wussten, was essbar und was giftig war. Vermutlich waren sie es, die das Vorwissen zum **Ackerbau** hatten. Sie wussten, wo jedes Jahr aufs Neue das Wildgetreide wuchs. Somit erkannten vermutlich Frauen, dass man das Getreide auch anbauen konnte.

Es fällt auf, dass sich für diese Zeit immer weniger Wandbilder mit Jagdszenen finden lassen.
40 Stattdessen wurden bei Ausgrabungen kleinere Statuen von Frauen entdeckt, die möglicherweise als **Fruchtbarkeitsgöttinnen** verehrt wurden.

Historikerin und Historiker
Dabei handelt es sich um eine Berufsbezeichnung für eine Person, die sich mit Geschichte beschäftigt und diese erforscht.

Epoche
Der Begriff **Epoche** bezeichnet einen bestimmten Zeitabschnitt in der Geschichte.

sesshaft sein
Das Wort **sesshaft** bezeichnet Menschen, die an einem festen Ort leben und sich hier dauerhaft aufhalten.

KAGA: Die neolithische Revolution — Text 2

Erstelle ein KAGA über die neolithische Revolution.

1. Lies zuerst das Material aufmerksam durch.
2. Markiere die wichtigsten Stellen.
3. Überlege, was die wichtigsten Erkenntnisse über die neolithische Revolution sind. Erstelle daraus ein KAGA.

Historikerinnen und Historiker benennen unterschiedliche Epochen der Menschheitsgeschichte danach, aus welchen Materialien die Menschen ihre Werkzeuge herstellten. So verwendeten die Menschen in der Steinzeit meist behauene Steine als Werkzeug. Darauf folgte die Bronzezeit, in der die Menschen eine einfache Legierung aus Kupfer und Zinn herstellten. Noch viel später folgte
5 dann die Eisenzeit, in der die Menschen vor allem das wesentlich härtere Eisen für Werkzeuge und Waffen verarbeiteten.

In der Steinzeit wird zwischen der Alt- und Jungsteinzeit unterschieden. In beiden Phasen lebten die Menschen ganz unterschiedlich, sodass man sogar von zwei unterschiedlichen Epochen sprechen kann. Der Übergang von der Alt- zur Jungsteinzeit wird als neu-steinzeitliche Revolution,
10 also als ein gewaltiger Umsturz beschrieben. Der Fachbegriff dafür lautet neolithische Revolution. Doch wie kam es dazu?

Mehr als 100 000 Jahre lang jagten und sammelten die Menschen ihre Nahrung. Dafür zogen sie umher und lebten in Zelten oder Höhlen. Zwischen 10 000 und 4000 v. Chr. begannen die Menschen jedoch, sich von Viehzucht und Ackerbau zu ernähren. Das war ein ungeheurer Entwick-
15 lungssprung! Diese Entwicklung begann zuerst in Vorderasien, an den Flüssen Euphrat und Tigris im heutigen Irak und breitete sich von dort langsam bis nach Mittel- und Nordeuropa aus.

Wissenschaftlerinnen und Wissenschaftler sind sich einig, dass eine Klimaveränderung diesen Wechsel ausgelöst hat. Vor etwa 12 000 Jahren endete die letzte Eiszeit und es wurde langsam wärmer. Das
20 Mammut starb aus, die Böden wurden fruchtbarer, andere Pflanzen konnten wachsen, viele Bäume bildeten nach und nach große Wälder. In dieser Zeit erkannten die Menschen die Möglichkeiten einer neuen Pflanze – des Wildgetreides. Sie begannen, Getreidekörner zu säen und zu ernten. Gleichzeitig gelang es, Tiere zu zähmen und zu züchten.
25 Diese lieferten den Menschen fortan Fleisch und Milch. Große Siedlungen mit mehreren tausend Einwohnern entstanden. Genau dieser Übergang vom umherziehenden Jäger und Sammler zum sesshaften, also an einem festen Ort lebenden, Ackerbauern und Viehzüchter war so bahnbrechend, dass er als neolithische Revolution bezeichnet wird.

30 Einige Wissenschaftlerinnen und Wissenschaftler vertreten die Auffassung, dass es Frauen waren, die den Ackerbau entdeckten. Als Sammlerinnen besaßen sie das nötige Vorwissen. Sie konnten genießbare und giftige Pflanzen unterscheiden und kannten die Orte, an denen in jedem Jahr das Wildgetreide wuchs. So scheinen Frauen den Zusammenhang von Aussaat und Ernte erkannt zu haben.

35 Interessant ist auch, dass sich für diese Zeit immer weniger Wandbilder mit Jagdszenen finden lassen. Stattdessen wurden bei Ausgrabungen kleinere Statuen von Frauen entdeckt, die vermutlich als Fruchtbarkeitsgöttinnen verehrt wurden.

KAGA: Die neolithische Revolution – Hilfeblatt

Steinzeit

KAGA: Die neolithische Revolution – beispielhafte Lösung

Steinzeit

KAGA: Leben am Nil   Text 1

Erstelle ein KAGA über das Leben am Nil.

1. Lies zuerst das Material aufmerksam durch.
2. Markiere die wichtigsten Stellen.
3. Überlege, was die wichtigsten Erkenntnisse zum Leben am Nil sind. Erstelle daraus ein KAGA.

Die Bedeutung des Nilhochwassers

Vor über 7000 Jahren begannen Menschen, sich am **Nil** anzusiedeln und Getreide, Obst und Gemüse anzubauen. Hier entwickelte sich die Kultur des **alten**
5   **Ägyptens**. Doch warum gerade hier?

Jedes Jahr im Sommer führte der Nil für mehrere Monate **Hochwasser** und überschwemmte die Flussufer. Jedes Hochwasser ließ eine dünne Schicht schwarzen Schlamms zurück. Dieser Schlamm war
10 sehr fruchtbar und düngte die Ackerflächen entlang des Flussufers. Pflanzen konnten wachsen und während der Trockenzeit mit Wasser aus dem Nil bewässert werden.

Ein Kalender entsteht

15 Die Ägypter erkannten, dass das Hochwasser immer genau zum selben Zeitpunkt begann. Aus dieser Beobachtung entwickelten die Ägypter einen **Kalender**, der die Tage bis zum nächsten Beginn des Hochwassers zählte. Ein Niljahr hatte 365 Tage. Der
20 ägyptische Neujahrstag lag etwa am 15. Juni unseres heutigen Kalenders, denn hier begann jedes Jahr das Nilhochwasser.

Außerdem fanden die Ägypter heraus, dass vor Beginn des Hochwassers immer der **Stern Osiris**
25 an einem bestimmten Punkt am Himmel zu sehen war. Hieraus entwickelte sich eine erste Form der **Sternenkunde** (Astronomie).

Auswirkungen des Hochwassers

Durch den Nilschlamm war die Region sehr fruchtbar.
30 Um eine gute Ernte zu erzielen, mussten jedoch viele Aufgaben bewältigt werden: zum Beispiel das Land vermessen, die Sterne beobachten, Bewässerungsanlagen bauen, die Ernte lagern und verteilen. Somit entwickelte sich eine **arbeitsteilige Gesellschaft**, in der jeder unterschiedliche Aufgaben übernahm. Während Beamte des Pharaos die Gesamtverwaltung übernahmen, arbeiteten Sternkundige, Schreiber, Landvermesser
35 und -verteiler unter ihnen.

Mathematik und Schrift entstehen

Um alle Aufgaben rund um das Niljahr zu organisieren und zu verwalten, entwickelten die Ägypter eine Schrift – die **Hieroglyphen**. Denn niemand hätte sich
40 einfach so alle Dinge merken können. Auch eine frühe Form der Mathematik entstand, um zum Beispiel Abgaben und Ernteerträge zu berechnen.

Der Verlauf des Nils: Grau markiert ist hier das Überschwemmungsgebiet (Hochwasser).

Hieroglyphen

Der Begriff **Hieroglyphen** bezeichnet bildhafte Schriftzeichen, die im alten Ägypten verwendet wurden.

Ägypten

KAGA: Leben am Nil   Text 2

Erstelle ein KAGA über das Leben am Nil.

1. Lies zuerst das Material aufmerksam durch.
2. Markiere die wichtigsten Stellen.
3. Überlege, was die wichtigsten Erkenntnisse zum Leben am Nil sind. Erstelle daraus ein KAGA.

Vor über 7000 Jahren begannen Menschen, sich am Nil anzusiedeln und Getreide, Obst und Gemüse anzubauen. Hier entwickelte sich die Kultur des alten Ägyptens. Doch warum gerade hier?

5 Jedes Jahr im Sommer führte der Nil für mehrere Monate Hochwasser und überschwemmte die Flussufer. Jedes Hochwasser ließ eine dünne Schicht schwarzen Schlamms zurück. Dieser Schlamm war sehr fruchtbar und düngte die Ackerflächen entlang
10 des Flussufers. Pflanzen konnten wachsen und während der Trockenzeit mit Wasser aus dem Nil bewässert werden.

Im Laufe der Zeit erkannten die Ägypter, dass zwischen zwei Nilhochwassern 365 Tage lagen. Das
15 Hochwasser trat also regelmäßig in jedem Jahr zum gleichen Zeitpunkt auf. Aus dieser Beobachtung entwickelten die Ägypter einen Kalender. Das Jahr wurde in 12 Monate zu je 30 Tagen eingeteilt mit fünf Zusatztagen am Ende des Jahres. Der ägyptische
20 Neujahrstag lag etwa am 15. Juni unseres heutigen Kalenders (der Beginn des Nilhochwassers). Außerdem fanden die Ägypter heraus, dass vor dem Beginn des Hochwassers immer der Stern Osiris an einem bestimmten Punkt am Himmel zu sehen
25 war. Hieraus entwickelte sich eine erste Form der Sternenkunde (Astronomie).

Durch den Nilschlamm war die Region sehr fruchtbar. Um eine gute Ernte zu erzielen, mussten jedoch viele Aufgaben bewältigt werden: z. B. das Land
30 vermessen, die Sterne beobachten, Bewässerungsanlagen bauen, die Ernte lagern und verteilen.

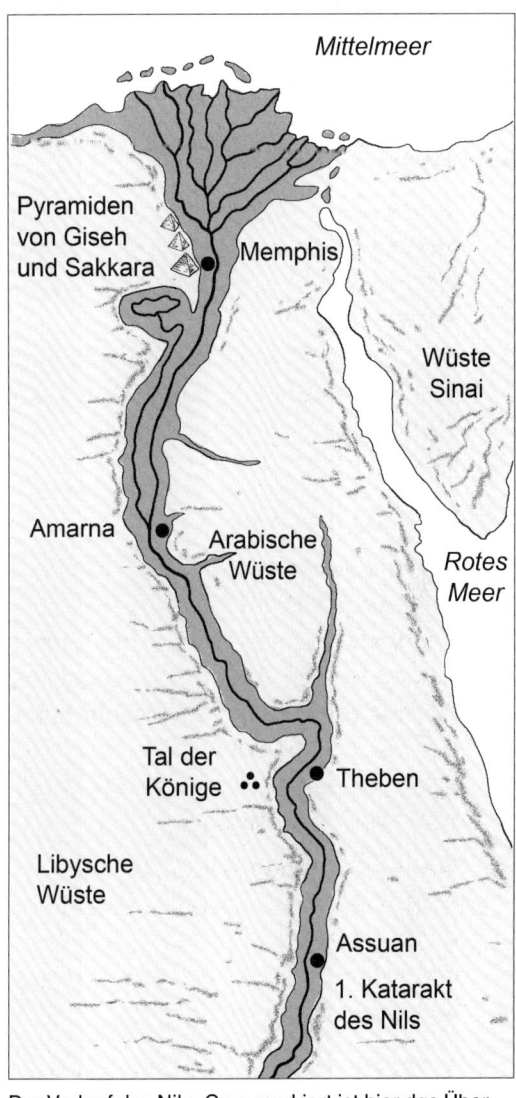

Der Verlauf des Nils: Grau markiert ist hier das Überschwemmungsgebiet (Hochwasser).

Alle diese unterschiedlichen Aufgaben erforderten unterschiedliche Fähigkeiten von den Bewohnern Ägyptens. Somit entwickelte sich eine arbeitsteilige Gesellschaft, in der jeder unterschiedliche Aufgaben für die Gemeinschaft übernahm. Während die Beamten des Pharaos die Gesamt-
35 verwaltung übernahmen, arbeiteten Sternkundige, Schreiber, Landmesser und -verteiler unter ihnen.

Um alle Aufgaben rund um das Niljahr zu organisieren und zu verwalten, entwickelten die Ägypter eine Schrift – die Hieroglyphen. Denn niemand hätte sich einfach so alle Dinge merken können. Auch eine frühe Form der Mathematik entstand im alten Ägypten, um zum Beispiel Abgaben und
40 Ernteerträge zu berechnen. Am Anfang wurden die Schriftzeichen und Berechnungen in Stein geritzt. Später gab es dann auch Papier, das aus der Papyruspflanze hergestellt wurde.

Ägypten

KAGA: Leben am Nil – Hilfeblatt

Ägypten

KAGA: Leben am Nil – beispielhafte Lösung

Ägypten

KAGA: Die Gesellschaft im alten Ägypten

Text 1

Erstelle ein KAGA über die Gesellschaft im alten Ägypten.

1. Lies zuerst das Material aufmerksam durch.
2. Markiere die wichtigsten Stellen.
3. Überlege, was die wichtigsten Erkenntnisse zur Gesellschaft im alten Ägypten sind. Erstelle ein KAGA.

Aufbau der ägyptischen Gesellschaft

Die Gesellschaft im alten Ägypten war klar gegliedert. Dabei wurde jedem Menschen eine bestimmte Rolle zugeschrieben. Von dieser Rolle hing das Ansehen und die Stellung innerhalb der Gesellschaft ab. Im alten Ägypten waren somit nicht alle Menschen gleich gut angesehen.

5 **Der Pharao**

Die wichtigste Rolle nahm der Pharao ein. Er war eine Art ägyptischer König und wurde als gottähnlich verehrt. Wenn er etwas befahl, so musste das auch umgesetzt werden. Die Ägypter glaubten, dass nur der Pharao wusste, was die Götter wirklich wollen.

10 **Die Priester**

Direkt unter dem Pharao standen die Priester. Sie gehörten zu den Beamten. Sie hatten dafür zu sorgen, dass die Götter richtig verehrt wurden. Daher lebten die Priester meist direkt in den Tempeln. Wenn der Pharao starb, mussten sie sich außerdem um dessen
15 Bestattung kümmern.

Der Wesir

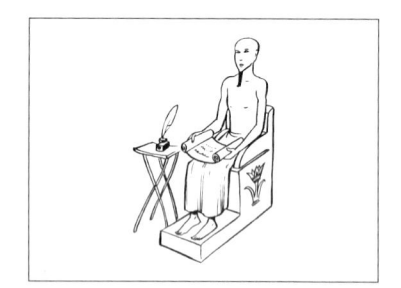

Auf einer ähnlich hohen Stufe wie die Priester stand der Wesir. Der Wesir war auch ein Beamter. Er war der wichtigste Verwaltungsbeamte des Pharaos. Der Wesir war dafür zuständig, dass
20 das Ackerland nach einem Hochwasser neu vermessen und an die Bauern verteilt wurde. Er achtete auch darauf, dass die Steuern korrekt eingetrieben wurden. Außerdem kontrollierte er die Arbeit der Bauern sowie den Bestand von Vieh und Getreide. Für all diese Verwaltungsaufgaben musste der Wesir natürlich lesen
25 und schreiben können.

Die Bauern

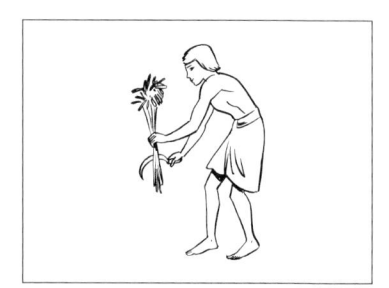

Die meisten Ägypter waren einfache Bauern. Sie bestellten die Äcker des Pharaos und kümmerten sich um die Viehherden. Einen großen Teil der Ernte mussten sie als Steuern abliefern. Während
30 des Nil-Hochwassers halfen viele Bauern beim Bau der Pyramiden.

Die Handwerker und Händler

Handwerker und Händler standen auf einer ähnlichen Stufe wie die Bauern. Handwerker stellten unterschiedlichste Waren her und verkauften oder tauschten diese gegen Lebensmittel. Händler reis-
35 ten durch das ganze Land, um Waren zu kaufen und zu verkaufen.

KAGA: Die Gesellschaft im alten Ägypten — Text 2

Erstelle ein KAGA über die Gesellschaft im alten Ägypten.

1. Lies zuerst das Material aufmerksam durch.
2. Markiere die wichtigsten Stellen.
3. Überlege, was die wichtigsten Erkenntnisse zur Gesellschaft im alten Ägypten sind. Erstelle ein KAGA.

Die Gesellschaft im alten Ägypten war streng hierarchisch gegliedert. Hierarchisch meint hier, dass jedem Menschen eine bestimmte Rolle zugeschrieben wurde, die er zu erfüllen hatte. Abhängig davon, welche Rolle ein Mensch hatte, war auch das Ansehen dieser Person höher oder geringer. Im alten Ägypten waren somit nicht alle Menschen gleich gut angesehen.

5 Die wichtigste Rolle in der ägyptischen Gesellschaft nahm der Pharao ein. Er war eine Art ägyptischer König. Eigentlich war er sogar noch wichtiger als ein König, denn er wurde als gottähnlich verehrt. Wenn er etwas befahl, so musste das auch umgesetzt werden. Die Ägypter glaubten, dass nur der Pharao wusste, was
10 die Götter wirklich wollen.

Damit der Pharao seine Vorgaben umsetzen konnte, benötigte er verschiedene Beamte. Eine Beamtengruppe waren die Priester. Sie standen in der Hierarchie direkt unter dem Pharao. Die Priester kümmerten sich um die Tempel und waren dafür zuständig, dass
15 die Götter auch richtig verehrt wurden. Meist lebten die Priester direkt in den Tempeln. Außerdem waren sie dafür zuständig, dass der Pharao angemessen bestattet wurde, wenn er starb.

Neben den religiösen Aufgaben mussten auch weltliche Aufgaben ausgeführt werden. Diese übernahm unter anderem der Wesir. Er
20 war der wichtigste Schreiber und Verwaltungsbeamte des Pharaos und stand auf einer ähnlich hohen gesellschaftlichen Ebene wie die Priester. Der Wesir war dafür zuständig, dass das Ackerland nach einem Hochwasser neu vermessen und an die Bauern verteilt wurde. Er achtete auch darauf, dass die Steuern korrekt ein-
25 getrieben wurden. Außerdem kontrollierte er die Arbeit der Bauern sowie den Bestand von Vieh und Getreide. Für all diese Verwaltungsaufgaben musste der Wesir natürlich lesen und schreiben können. Schreiber hatten ein hohes Ansehen in der ägyptischen Gesellschaft, auch wenn nicht jeder Schreiber Wesir wurde.

30 Die meisten Ägypter waren einfache Bauern und gehörten somit zur unteren sozialen Schicht. Sie bestellten die Äcker des Pharaos und kümmerten sich um die Viehherden. Einen großen Teil der Ernte mussten sie als Steuern an den Pharao abliefern. In der Phase des Nilhochwassers konnten die Bauern nicht auf den Fel-
35 dern arbeiten. In dieser Zeit halfen sie beim Bau der Pyramiden.

Neben den Bauern gab es aber auch Handwerker, Händler und einfache Arbeiter. Sie standen auf einer ähnlichen Stufe wie die Bauern. Handwerker stellten unterschiedlichste Waren her und verkauften oder tauschten diese gegen Lebensmittel. Außerdem war ihr Können wichtig beim Bau z. B. von Tempeln oder Palästen. Händler reisten durch das ganze Land, um Waren zu kaufen und zu verkaufen.

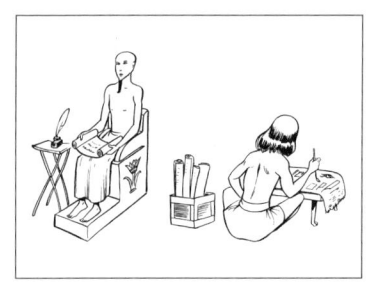

Ägypten

KAGA: Die Gesellschaft im alten Ägypten – Hilfeblatt

Ägypten

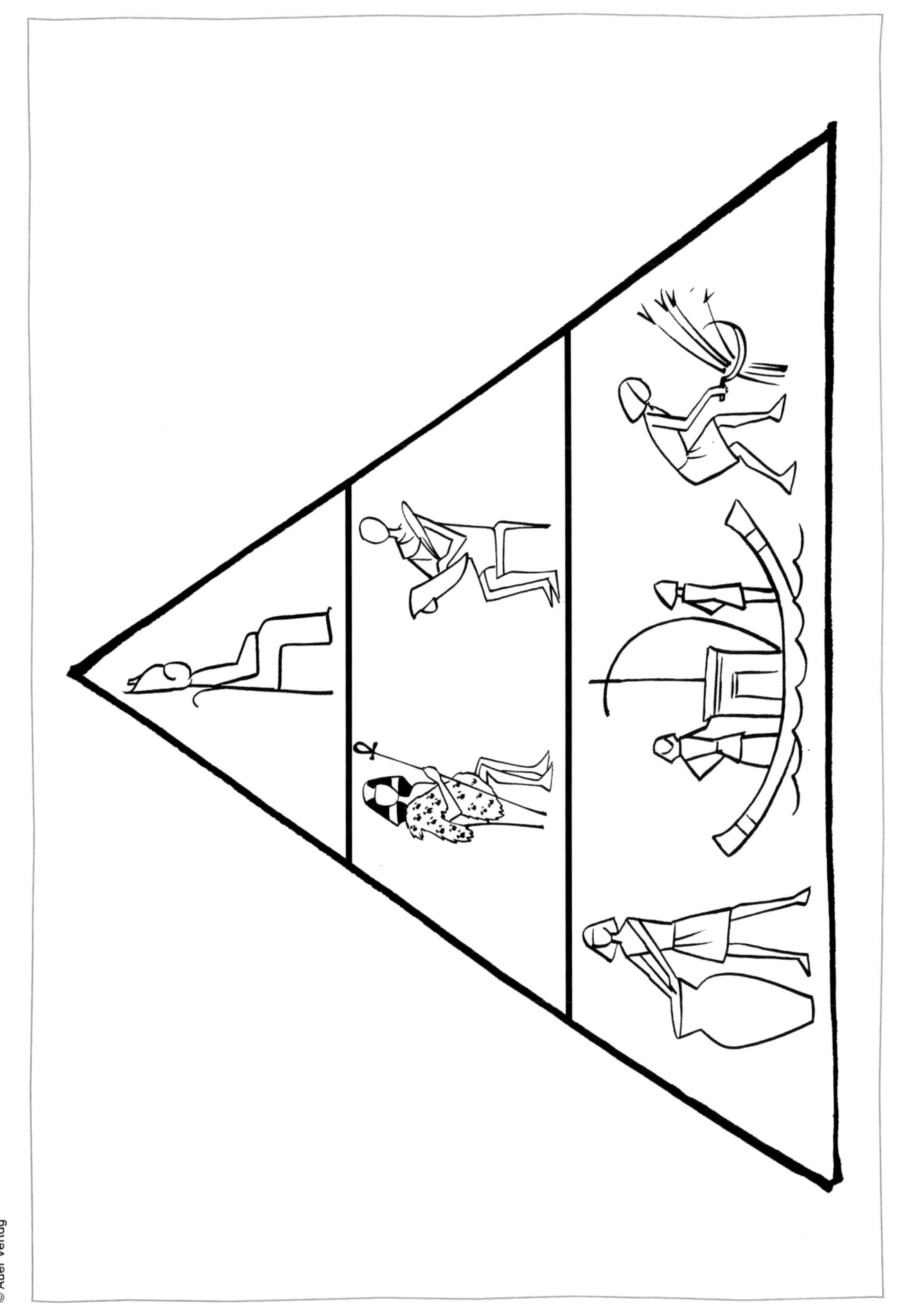

KAGA: Die Gesellschaft im alten Ägypten – beispielhafte Lösung

Ägypten

KAWA: Die Pyramiden   Text 1

Erstelle ein KAWA über die Pyramiden in Ägypten.

1. Lies zuerst das Material aufmerksam durch und markiere die wichtigsten Stellen.
2. Überlege, was die zentralen Merkmale der Pyramiden in Ägypten sind.
3. Notiere den Begriff PYRAMIDEN in der Mitte eines Blattes und erstelle ein KAWA dazu.

Warum wurden in Ägypten Pyramiden erbaut?

Viele Menschen verbinden mit Ägypten die **Pyramiden**. Heute sind diese zu einer Art Wahrzeichen für das Land geworden. Viele der Pyramiden stehen am Westufer des Nils, gegenüber den heutigen Städten Kairo und Heluân.

Die meisten Pyramiden wurden als **Grabanlagen** errichtet. Im Inneren befinden sich mehrere Gänge und Kammern. In einer der Kammern wurde die **Mumie** des **Pharaos** in einem steinernen Sarg gelagert.

Pharao

Als **Pharao** wurde der ägyptische Herrscher bezeichnet. Dieser wurde wie ein Gott verehrt.

Mumie

Eine **Mumifizierung** ist ein bestimmtes Verfahren, mit dem die Ägypter ihre Toten haltbar machen wollten. Der Tote wurde dazu u. a. mit Ölen eingerieben und in Stoffbahnen gewickelt.

Wie wurden die Pyramiden errichtet?

Bevor mit dem Bau der Pyramide begonnen werden konnte, musste der Untergrund begradigt werden. Dazu wurden rund um die Fläche Kanäle gebaut, die mit Wasser gefüllt wurden. In die Felsplatte, auf der die Pyramide stehen sollte, wurden Verbindungsgräben geschlagen. Dann wurde das Wasser in diese Verbindungsgräben geleitet. Wenn das Wasser überall die gleiche Höhe hatte, war der Untergrund gerade. Wenn nicht, musste der Untergrund weiter begradigt werden.

Als Nächstes wurde das Fundament gepflastert. Es entstand ein absolut genaues Quadrat. Die exakte **Ausrichtung nach Norden** hatten die **Priester** schon vorher durch Beobachtung des Polarsterns festgelegt.

Die Pyramiden wurden aus dicken Steinblöcken gebaut. **Arbeitskolonnen** von jeweils acht Mann brauchten durchschnittlich eine Woche, um einen solchen Steinblock an die Baustelle zu schaffen. Vermutlich wurden dazu runde Hölzer verwendet, über die die Steine gezogen wurden.

Die berühmte Cheops-Pyramide (© dynamofoto/stock.adobe.com)

Ägypten

KAWA: Die Pyramiden — Text 1

Die Rampentheorien

Leider haben die Ägypter keine Quellen hinterlassen, die uns berichten, wie die Pyramiden genau gebaut wurden. Daher können wir nur Vermutungen anstellen, wie die Menschen damals die großen und schweren Steinblöcke auf die Pyramide bekommen haben.

Es gibt unterschiedliche Theorien:

- Einige Wissenschaftlerinnen und Wissenschaftler vermuten, dass die Ägypter Teilrampen zu jeder Stufe der Pyramide errichteten (Variante a).
- Eine zweite Theorie geht davon aus, dass eine große zusammenhängende Rampe errichtet wurde, die sich wie ein Weg um die Pyramide hochschlängelte (Variante b).
- Noch eine andere Theorie geht von einer großen, geraden Rampe aus, die nach und nach höher wurde. Damit solch eine Rampe nicht zu steil würde, hätte diese jedoch immer länger werden müssen (Variante c).

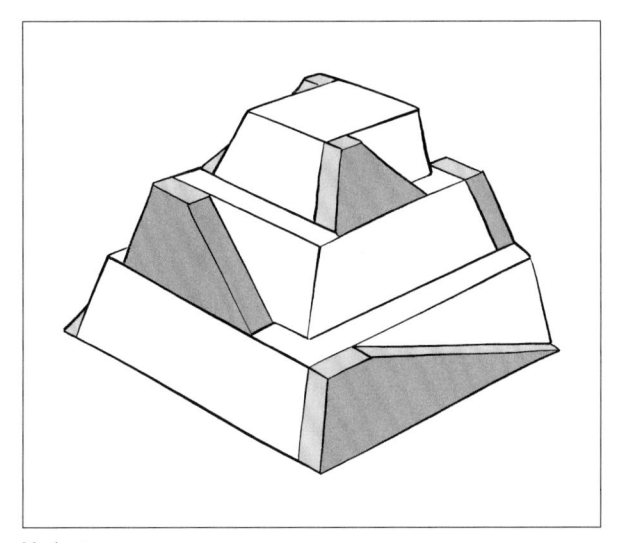

Variante a

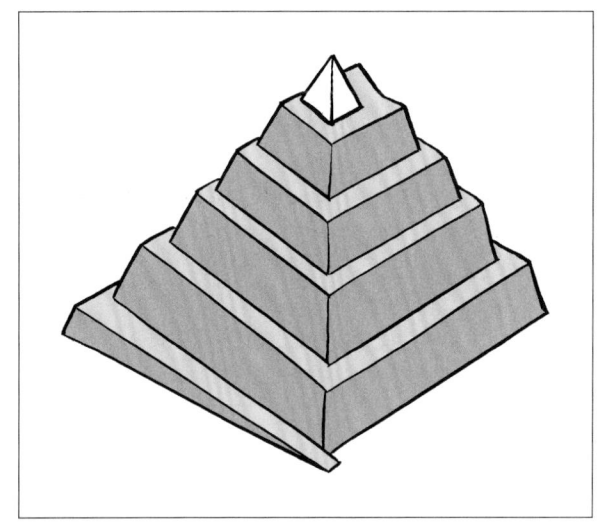

Variante b

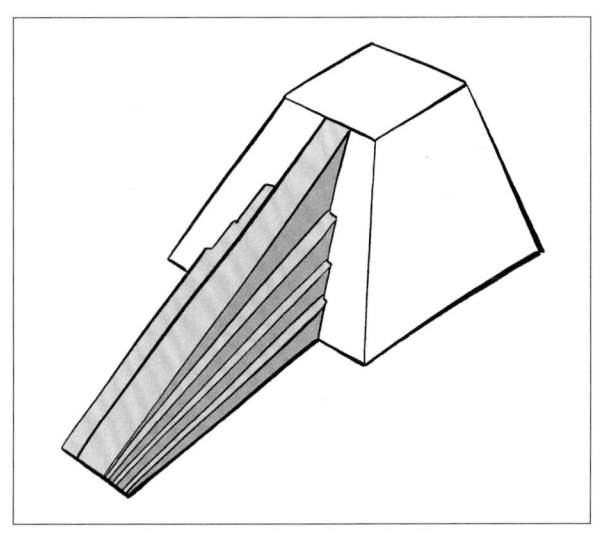

Variante c

Ägypten

KAWA: Die Pyramiden — Text 2

Erstelle ein KAWA über die Pyramiden in Ägypten.

1. Lies zuerst das Material aufmerksam durch und markiere die wichtigsten Stellen.
2. Überlege, was die zentralen Merkmale der Pyramiden in Ägypten sind.
3. Notiere den Begriff PYRAMIDEN in der Mitte eines Blattes und erstelle ein KAWA dazu.

Das Wahrzeichen Ägyptens sind die Pyramiden. Davon gibt es einige Dutzend, die an verschiedenen Orten errichtet wurden. Besonders viele stehen am Westufer des Nils, gegenüber den heutigen Städten Kairo und Heluân. Bezüglich Größe und Form gibt es zwischen den einzelnen Pyramiden deutliche Unterschiede.

5   Die meisten Pyramiden wurden als Grabanlagen errichtet. Im Inneren befinden sich mehrere Gänge und Kammern. In einer der Kammern wurde die Mumie des Pharaos in einem steinernen Sarg gelagert.

Doch wie wurden diese riesigen Bauwerke errichtet? Vor Baubeginn waren umfangreiche Vorbereitungsarbeiten nötig. Der Bauplatz musste geräumt und der Naturfels eingeebnet werden. Dazu
10 wurden rund um die Fläche Kanäle gebaut, die mit Wasser gefüllt wurden. Gleichzeitig wurde in die Felsplatte ein gitterartiges Netz von Verbindungsgräben geschlagen. Dann wurde das Wasser aus den Kanälen in die Gräben geleitet. So konnte man sehen, ob das Wasser überall die gleiche Höhe hatte. Falls nicht, wurde der Fels weiter bearbeitet. Die Konstruktion funktionierte wie eine riesige Wasserwaage.

15 Als Nächstes wurden das Fundament mit Kalksteinen gepflastert und die vier Grundkanten ausgemessen. So entstand ein absolut genaues Quadrat. Die exakte Ausrichtung nach Norden hatten die Priester schon vorher durch Beobachtung des Polarsterns festgelegt.

Die Pyramiden wurden aus dicken Steinblöcken gebaut. Arbeitskolonnen von jeweils acht Mann brauchten durchschnittlich eine Woche, um einen Steinblock mit den Maßen 1,27 × 1,27 × 0,71 m
20 vom Steinbruch oder vom Ufer des Nils an die Baustelle zu schaffen. Amerikanische Wissenschaftlerinnen und Wissenschaftler haben dazu einige Experimente gemacht. Sie wollten herausfinden, ob der Transport und der Bau der Pyramiden mit den damaligen Mitteln und Werkzeugen überhaupt möglich waren. Unter anderem testeten sie, wie sich die dicken Steinblöcke wohl am besten transportieren ließen. Sie fanden heraus, dass es am einfachsten gewesen sein muss, die Steinblö-
25 cke über runde Holzschwellen und angefeuchteten Lehm zu schleifen. So könnten es die Ägypter also gemacht haben.

Die berühmte Cheops-Pyramide (© dynamofoto / stock.adobe.com)

KAWA: Die Pyramiden — Text 2

Über den konkreten Ablauf des Pyramidenbaus wissen wir nur sehr wenig, denn die Ägypter haben diesen weder in Bildern noch in Hieroglyphentexten beschrieben. Es gibt unterschiedliche Vermutungen. Gehen wir einmal von einem der am meisten vertretenen Vorschläge aus: Einige Wissenschaftlerinnen und Wissenschaftler sind der Meinung, dass die Ägypter einen sanft ansteigenden spiralförmigen Weg aus Teilrampen zu den einzelnen Stufen der Pyramide errichteten (Variante a).

Eine andere Theorie geht davon aus, dass um die entstehende Pyramide herum eine große zusammenhängende Rampe gebaut wurde, die sich um die gesamte Pyramide herumschlängelte (Variante b). Nachdem der letzte obere Stein gesetzt wurde, konnte diese Rampe auch wieder von oben nach unten entfernt werden.

Eine dritte Theorie geht davon aus, dass die Ägypter nur eine große, gerade Rampe verwendeten, die an die jeweilige Höhe und Breite der Pyramide angepasst wurde (Variante c). Damit diese Rampe mit zunehmender Höhe nicht zu steil wurde, musste diese immer mehr nach hinten verlängert werden.

Jede dieser Theorien erscheint irgendwie nachvollziehbar. Wie die Ägypter aber wirklich ihre Pyramiden bauten, werden wir wohl nie genau erfahren. Sicher ist aber, dass die Pyramiden besondere Bauwerke waren, die viel Zeit und Arbeitskraft erforderten. Sie sind bis heute etwas Besonderes. Nicht umsonst sind die Pyramiden von Gizeh als eines der sieben Weltwunder der Antike bekannt.

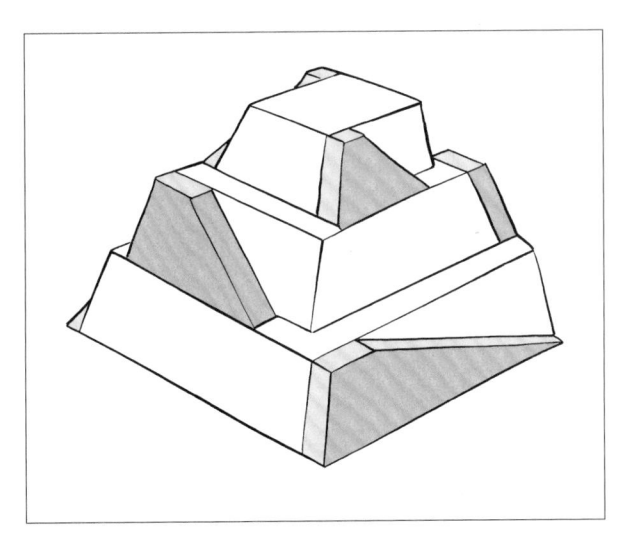

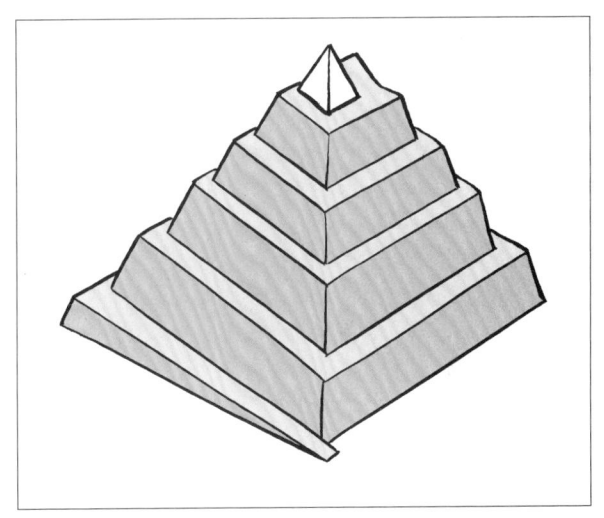

Variante a

Variante b

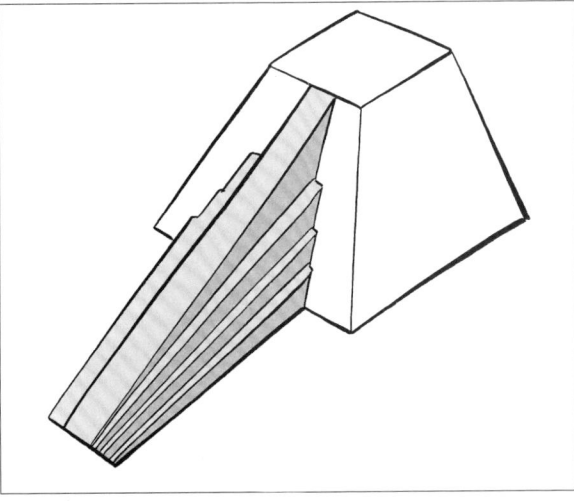

Variante c

Ägypten

KAWA: Die Pyramiden – beispielhafte Lösung

PYRAMIDEN

- dicke Steinblöcke
- exakte Ausrichtung nach Norden
- Sarg mit Mumie
- im Inneren Gänge und Kammern
- drei Varianten
- Rampentheorien
- Arbeitskolonnen
- Grabstätte des Pharaos

Mindmap: Die griechische Polis — Text 1

Erstelle eine Mindmap über die griechische Polis.

1. Lies zuerst das Material aufmerksam durch.
2. Notiere die wichtigsten Informationen stichpunktartig.
3. Finde Teilüberschriften und markiere die Aspekte, die zu den einzelnen Teilüberschriften passen.
4. Nimm ein großes Blatt (DIN A3). Schreibe mit einem dicken Stift in die Mitte des Blattes das Thema der Mindmap: Die griechische Polis.
5. Gruppiere die wichtigsten Informationen stichwortartig um das Thema. Nutze hierfür deine Teilüberschriften als Unterkategorien.

Was ist eine Polis?

Griechenland ist durch viele Gebirge und zahlreiche Inseln gekennzeichnet. Daher gab es in der Antike auch keinen zusammenhängenden griechischen
5 Staat, der zentral verwaltet wurde. Es gab nur voneinander unabhängige **Stadtstaaten**. Solche Stadtstaaten hießen **Polis**. Die eigene Polis war die Heimat. Man fühlte sich eben nicht als Grieche, sondern als Athener, Spartaner oder Korinther. Andere Stadtstaaten waren wie Ausland. Es gab mindes-
10 tens 250 verschiedene Poleis. Die beiden bekanntesten waren Athen und Sparta.

> **Polis**
> Der Ausdruck **Polis** bezeichnet einen unabhängigen griechischen Stadtstaat. Die Mehrzahl lautet Poleis.

Merkmale einer Polis

Im Durchschnitt war eine Polis etwa 50 bis 100 km² groß. Zum Vergleich: Berlin hat heute eine Fläche von
15 ca. 900 km². Auf ihrem Gebiet wohnten etwa 2000 bis 3000 Einwohner (Berlin hat heute ca. 3,5 Mio. Einwohner).

In jeder Polis gab es so etwas
20 wie ein **Stadtzentrum**, das von landwirtschaftlichen Flächen umgeben war. Am Stadtrand lebten die Bauern und Viehzüchter; im Zentrum die Händler, Handwerker, Ärzte und
25 Lehrer. Fast jede Polis besaß auf einer Anhöhe oder einem Berg eine

Überreste der Akropolis in Athen (© sborisov/stock.adobe.com)

Akropolis. Hier versammelten sich die Menschen, um den Göttern zu opfern und Feierlichkeiten abzuhalten. Im Mittelpunkt dieser Akropolis stand ein prächtiger Tempel. Unterhalb der Akropolis lag die **Agora**, ein großer Platz, auf dem Handel betrieben wurde und auf dem die Bürger politi-
30 sche Angelegenheiten besprechen konnten.

In einer Polis waren nicht alle Menschen gleich

In der griechischen Polis wurde immer zwischen **Bürgern** und **Nichtbürgern** unterschieden. Bürger war nur, wer auch das Kind eines Bürgers der Polis war. Ein Bürger musste zudem männlich sein und ein Stück Land besitzen. Nur Bürger durften bei politischen Entscheidungen in der Polis
35 mitreden. Wer aus einer anderen Polis kam, war ein Fremder oder Nichtbürger. Auch **Frauen und Kinder** waren ausgeschlossen. Eine weitere große Gruppe waren die **Sklavinnen und Sklaven**. Da sie persönlich nicht frei waren, konnten sie keine Bürger sein.

Griechenland

Mindmap: Die griechische Polis — Text 2

Erstelle eine Mindmap über die griechische Polis.

1. Lies zuerst das Material aufmerksam durch.
2. Notiere die wichtigsten Informationen stichpunktartig.
3. Finde Teilüberschriften und markiere die Aspekte, die zu den einzelnen Teilüberschriften passen.
4. Nimm ein großes Blatt (DIN A3). Schreibe mit einem dicken Stift in die Mitte des Blattes das Thema der Mindmap: Die griechische Polis.
5. Gruppiere die wichtigsten Informationen stichwortartig um das Thema. Nutze hierfür deine Teilüberschriften als Unterkategorien.

Griechenland ist durch viele hohe Gebirgszüge, kleine Täler, eine steile Küste und zahlreiche, dem Festland vorgelagerte Inseln gekennzeichnet. Diese Landschaft hatte Auswirkungen auf das Leben der Menschen in der Antike: Das Reisen auf dem Landweg war viel zu beschwerlich. Menschen waren in Tälern oder auf Inseln voneinander abgeschnitten.

5 So fühlten sich die Menschen im alten Griechenland nicht als „Griechen" und es gab auch keinen griechischen Gesamtstaat. Stattdessen entwickelten sich viele kleine Stadtstaaten. Diese wurden als Polis bezeichnet (Plural Poleis). Davon gab es mindestens 250 im antiken Griechenland. Die beiden bekanntesten Poleis waren Athen und Sparta. Im Durchschnitt war eine Polis nicht größer als 50 bis 100 km^2 (zum Vergleich: Berlin hat eine Fläche von ca. 900 km^2). Auf ihrem Gebiet
10 wohnten etwa 2000 bis 3000 Einwohner (Berlin hat heute ca. 3,5 Mio. Einwohner). Die Menschen fühlten sich als Athener, Spartaner oder Korinther, denn ihre Heimat war die Polis, in der sie wohnten. Andere Poleis waren wie Ausland.

In jeder Polis gab es so etwas wie ein Stadtzentrum, das von landwirtschaftlichen Flächen umgeben war.
15 Am Stadtrand lebten die Bauern und Viehzüchter; im Zentrum Händler, Handwerker, Ärzte und Lehrer. Fast jede Polis besaß auf einer Anhöhe oder einem Berg eine Akropolis. Hier versammelten sich die Bürger, um den Göttern zu opfern und Feierlichkeiten
20 abzuhalten. Im Mittelpunkt dieser Akropolis stand ein prächtiger Tempel. Unterhalb der Akropolis lag die Agora, ein großer Platz, auf dem Handel betrieben wurde und auf dem die Bürger politische Angelegenheiten besprechen konnten.

Überreste der Akropolis in Athen
(© sborisov / stock.adobe.com)

25 In der griechischen Polis wurde immer zwischen Bürgern und Nichtbürgern unterschieden. Bürger war nur, wer auch das Kind eines Bürgers der Polis war. Ein Bürger musste zudem männlich sein und ein Stück Land besitzen. Nur Bürger durften bei politischen Entscheidungen in der Polis mitreden. Wer aus einer anderen Polis kam, war ein Fremder oder Nichtbürger. Auch Frauen und Kinder waren ausgeschlossen. Eine weitere große Gruppe waren die Sklavinnen und Sklaven. Da
30 sie persönlich nicht frei waren, konnten sie keine Bürger sein.

Der britische Wissenschaftler Kitto beurteilt die griechische Polis so:

Die Polis kannte jeder Grieche; […] ein vollständig überschaubares Gebilde. Er [der Bürger] konnte die Felder sehen, die sie ernährten […] er konnte sehen, wie Landwirtschaft, Handel und Gewerbe sich ineinander verschränkten; er kannte die Landesgrenzen und wo sie stark
35 und wo sie schwach waren; wenn irgendwelche Unzufriedenen einen Umsturz planten, dann war es nicht leicht für sie, ihre Absicht zu verbergen.

Quelle: *Kitto, Humphrey Davy Findley:* Die Griechen. Von der Wirklichkeit eines geschichtlichen Vorbilds. Übersetzt von Hartmut Hentig. Stuttgart: Klett, 1957. S. 117.

Mindmap: Die griechische Polis – Hilfeblatt

Die griechische Polis

- Aufbau
- Ursachen für Entstehung
- Nichtbürger
- Bürger
- Größe
- es gab ca. 250 verschiedene

Griechenland

Mindmap: Die griechische Polis – beispielhafte Lösung

Die griechische Polis

- **Aufbau**
  - landwirtschaftlich genutztes Umland
  - Stadtzentrum
  - Akropolis
  - Agora (Markt)

- **Ursachen für Entstehung**
  - Gebirge, viele Inseln
  - Menschen voneinander abgeschnitten

- **unabhängiger Stadtstaat**

- **Nichtbürger**
  - Fremde
  - Frauen und Kinder
  - Sklavinnen und Sklaven
  - keine politische Mitbestimmung

- **Bürger**
  - männlich
  - Kind eines Bürgers
  - Landbesitz
  - politische Mitbestimmung

- **Größe**
  - zwischen 50 und 100 km²
  - zwischen 2000 und 3000 Menschen

- **es gab ca. 250 verschiedene**
  - bekannteste
    - Sparta
    - Athen

KAWA: Die Olympischen Spiele Text 1

Erstelle ein KAWA über die Olympischen Spiele der Antike.

1. Lies zuerst das Material aufmerksam durch und markiere die wichtigsten Stellen.
2. Überlege, was die zentralen Merkmale der Olympischen Spiele sind.
3. Notiere den Begriff OLYMPISCHE SPIELE in der Mitte eines Blattes und erstelle ein KAWA dazu.

Olympia

Olympia liegt im Nordwesten der griechischen Halbinsel **Peloponnes**. Doch Olympia war keine Stadt, sondern ein heiliger Ort. Er war dem Göttervater **Zeus** gewidmet. Hier gab es etwa 70 Altäre und zahlreiche Tempel. Seit 776 v. Chr. wurden hier alle vier Jahre die Olympischen Spiele der **Antike** ausgetragen. Die Olympischen Spiele der Antike waren ein religiöses Fest zu Ehren des Zeus.

Ablauf der Olympischen Spiele

Für die Olympischen Spiele kamen die besten Sportler aus allen griechischen Städten nach Olympia. Wichtig hierbei war der **Olympische Frieden**: Mit dem Beginn der Spiele ruhten alle Kriege zwischen den Poleis.

Antike

Historikerinnen und Historiker unterscheiden die verschiedenen Epochen voneinander. Die älteste Epoche ist dabei die **Antike**, manchmal auch als **Altertum** bezeichnet. Die Antike endet etwa um das Jahr 500 n. Chr.

Zeus

Zeus gilt in der griechischen Götter- und Sagenwelt als der höchste und mächtigste Gott.

Ursprünglich dauerten die Spiele nur einen Tag und es gab nur einen Wettkampf, den Stadionlauf über 192 Meter. Nach und nach erhöhte sich die Zahl der Wettkampftage auf fünf und es kamen weitere Sportarten hinzu: **Wagenrennen, Speer- und Diskuswurf, Weitsprung** sowie **Ring- und Faustkämpfe**. Es gab sogar einen **Waffenlauf** in voller Kampfausrüstung. Anders als heute bei Olympischen Spielen gab es ausschließlich Wettkämpfe zwischen einzelnen Sportlern und nicht in Mannschaftssportarten.

Nur der Sieger erhielt einen Preis – einen Kranz aus **Zweigen des Ölbaums**. Der Ölbaum war Zeus gewidmet und daher heilig. Später gab es auch Geldgeschenke und Steuerbefreiungen als Preis. Der Sieger wurde als Held gefeiert und verehrt. Preise für zweite und dritte Plätze gab es bei den Olympischen Spielen der Antike nicht.

Neben Sportwettkämpfen gab es auch ein umfangreiches Rahmenprogramm: Es traten Dichter, Redner und Politiker auf.

Beispiel für den Aufbau eines antiken Stadions (© elgreko / stock.adobe.com)

KAWA: Die Olympischen Spiele

Der Athener Isokrates schrieb um 380 v. Chr.:

Zu Recht lobt man jene, die die religiösen Versammlungen (und sportlichen Wettkämpfe) eingeführt und uns diese Tradition vererbt haben. Denn ihnen verdanken wir es, dass wir uns alle an einem Ort versammeln, nachdem wir einen Waffenstillstand geschlossen und die Feindseligkeiten eingestellt haben. Dann bringen wir den Göttern gemeinsam Opfergaben dar und frischen die Erinnerung an unseren gemeinsamen Ursprung wieder auf.[1]

1 Hier ist die Götterwelt als gemeinsamer Ursprung aller Griechen gemeint.

Quelle: Zit. nach: *Pandel, Hans-Jürgen; Andraschko, Frank; El Darwich, Renate:* Geschichte konkret 1. Hannover: Schroedel, 1996. S. 73.

Nicht jeder durfte teilnehmen

Wer an den Olympischen Spielen teilnehmen wollte, musste **männlich** sein und das **Bürgerrecht** besitzen. Es war eine große Ehre, für die eigene Polis bei den Spielen anzutreten.

Für Zuschauer war der Eintritt übrigens frei. Einige Quellen sprechen von 40 000 Zuschauern. Vermutlich durften auch Sklavinnen und Sklaven, Nichtbürger und unverheiratete Frauen zuschauen.

Das Ende der Olympischen Spiele der Antike

394 n. Chr. verbot der damals auch über Griechenland herrschende römische Kaiser Theodosius die Spiele als unchristlichen Brauch. Erst **1894**, nach über 1500 Jahren, wurden die Spiele in Athen mit den ersten **Olympischen Spielen der Neuzeit** wieder zum Leben erweckt.

Typische Darstellung antiker griechischer Olympialäufer (© migfoto / stock.adobe.com)

KAWA: Die Olympischen Spiele — Text 2

Erstelle ein KAWA über die Olympischen Spiele der Antike.

1. Lies zuerst das Material aufmerksam durch und markiere die wichtigsten Stellen.
2. Überlege, was die zentralen Merkmale der Olympischen Spiele sind.
3. Notiere den Begriff OLYMPISCHE SPIELE in der Mitte eines Blattes und erstelle ein KAWA dazu.

Olympia liegt im Nordwesten der griechischen Halbinsel Peloponnes. Doch Olympia war keine Stadt, sondern ein heiliger Ort. Er war dem Göttervater Zeus gewidmet. Hier gab es etwa 70 Altäre und zahlreiche Tempel. Seit 776 v. Chr. fanden hier alle vier Jahre die Olympischen Spiele der Antike statt. Die Spiele waren ein religiöses Fest zu Ehren des Zeus. Die besten Sportler aus allen
5   griechischen Städten kamen hierfür nach Olympia. Wichtig dabei war der Olympische Frieden: Mit dem Beginn der Spiele ruhten alle Kriege zwischen den Poleis.

Ursprünglich dauerten die Spiele nur einen Tag und es gab nur einen Wettkampf, den Stadionlauf über
10   192 Meter. Nach und nach erhöhte sich die Zahl der Wettkampftage auf fünf und es kamen weitere Sportarten hinzu: Wagenrennen, Speer- und Diskuswurf, Weitsprung
15   sowie Ring- und Faustkämpfe. Es gab sogar einen Waffenlauf in voller Kampfausrüstung. Anders als heute bei Olympischen Spielen gab es ausschließlich Wettkämpfe
20   zwischen einzelnen Sportlern und nicht in Mannschaftssportarten.

Beispiel für den Aufbau eines antiken Stadions (© elgreko / stock.adobe.com)

Nur der Sieger erhielt einen Preis – einen Kranz aus Zweigen des Ölbaums. Der Ölbaum war Zeus gewidmet und daher heilig. Später gab es auch Geldgeschenke und Steuerbefreiungen als Preis. Der Sieger wurde als Held gefeiert und verehrt. Preise für zweite und dritte Plätze gab es bei den
25   Olympischen Spielen der Antike nicht.

Gekennzeichnet waren die Spiele durch einen festen Ablauf, bei dem sich sportliche Wettkämpfe und heilige Feste abwechselten. Außerdem gab es ein kulturelles Rahmenprogramm: Es traten Dichter, Redner und Politiker auf, die dadurch ihre Bekanntheit steigern konnten.

Der Athener Isokrates schrieb um 380 v. Chr.:

30   Zu Recht lobt man jene, die die religiösen Versammlungen (und sportlichen Wettkämpfe) eingeführt und uns diese Tradition vererbt haben. Denn ihnen verdanken wir es, dass wir uns alle an einem Ort versammeln, nachdem wir einen Waffenstillstand geschlossen und die Feindseligkeiten eingestellt haben. Dann bringen wir den Göttern gemeinsam Opfergaben dar und frischen die Erinnerung an unseren gemeinsamen Ursprung wieder auf.[1] Dadurch verbessert
35   sich für die Zukunft unser gegenseitiges Verständnis, wir erneuern die alten Bande der Gastfreundschaft und knüpfen neue.

---

1 Hier ist die Götterwelt als gemeinsamer Ursprung aller Griechen gemeint.

Quelle: Zit. nach: *Pandel, Hans-Jürgen; Andraschko, Frank; El Darwich, Renate:* Geschichte konkret 1. Hannover: Schroedel, 1996. S. 73.

KAWA: Die Olympischen Spiele — Text 2

Wer an den Olympischen Spielen teilnehmen wollte, musste männlich sein und das Bürgerrecht besitzen. Es war eine große Ehre, für die eigene Polis bei den Spielen anzutreten. Für Zuschauer war der Eintritt übrigens frei. Einige Quellen sprechen von 40000 Zuschauern. Vermutlich durften auch Sklavinnen und Sklaven, Nichtbürger und unverheiratete Frauen zuschauen. Insgesamt waren die Olympischen Spiele ein gewaltiges Spektakel.

394 n. Chr. verbot der damals auch über Griechenland herrschende römische Kaiser Theodosius die Spiele als unchristlichen Brauch. Erst 1894, nach über 1500 Jahren, wurden die Spiele in Athen mit den ersten Olympischen Spielen der Neuzeit wieder zum Leben erweckt.

Typische Darstellung antiker griechischer Olympialäufer (© migfoto/stock.adobe.com)

KAWA: Die Olympischen Spiele – beispielhafte Lösung

OLYMPISCHE SPIELE

- Waffenlauf
- einzelne Wettkämpfe
- Auftritte von Politikern
- Eintritt frei
- Sieger verehrt
- Einigkeit (Waffenruhe)
- Heiliger Ort zu Ehren des Zeus
- Speerwurf
- Isokrates berichtet
- Peloponnes
- Laufen, Stadionlauf
- männliche Bürger, keine Mannschaftssportarten
- Olympia, Ölzweig

Griechenland

Mindmap: Die römische Familie — Text 1

Erstelle eine Mindmap über die römische Familie.

1. Lies zuerst das Material aufmerksam durch.
2. Notiere die wichtigsten Informationen stichpunktartig.
3. Nimm ein großes Blatt (DIN A3). Schreibe mit einem dicken Stift in die Mitte des Blattes das Thema der Mindmap: Die römische Familie.
4. Gruppiere die wichtigsten Informationen stichwortartig um das Thema. Nutze hierfür Teilüberschriften als erste Unterkategorien (z. B. Wer gehörte zur Familie? Welche Aufgaben hatte der Mann? Welche Aufgaben hatte die Frau? Wie lebten die Kinder?). Du kannst auch Bilder und Symbole hinzufügen.

Wer gehörte alles zu einer römischen Familie?

Die römische *familia* war erheblich größer als eine heutige Kleinfamilie. Zur *familia* zählten Vater, Mutter, unverheiratete Söhne und Töchter, verheiratete Söhne und deren Ehefrauen und Kinder sowie die eigenen Sklavinnen und Sklaven. Aber auch adoptierte Personen waren Teil der *familia*.

Die Rolle des *pater familias*

Der Vater war das Oberhaupt der *familia*. Er war der **pater familias**. Alle Familienmitglieder waren ihm untergeordnet. Nur er durfte über das Familienvermögen verfügen. Nur er allein durfte im Namen der *familia* Entscheidungen treffen. Vor Gericht konnte er für die *familia* klagen oder angeklagt werden. Ursprünglich durfte er sogar über Leben und Tod der Familienmitglieder entscheiden.

Die Rolle der Jungen und Mädchen

Mit sieben Jahren gingen Kinder wohlhabender Familien in die Schule und lernten dort lesen, schreiben und rechnen. Unterrichtet wurde in einfachen Räumen oder auf offener Straße. Sehr reiche Familien konnten sich sogar einen Privatlehrer leisten und ließen daher ihre Kinder zu Hause unterrichten.

Die römische Familie: *pater familias*, Ehefrau, Kinder, verheiratete Söhne mit Ehefrau und Kindern, Haus- und Feldsklaven

Spätestens mit elf Jahren endete für Mädchen die Schulausbildung. Sie wurden nun von ihren Müttern auf ihre Rolle als Ehefrau und Hausverwalterin vorbereitet.

Jungen konnten mitunter länger zur Schule gehen. Aber auch sie lernten schon frühzeitig von ihren Vätern die Aufgaben eines *pater familias*.

Die Rolle der Frau

Mit zwölf bis vierzehn Jahren wurden die meisten Mädchen verheiratet. Jungen heirateten erst einige Jahre später. In der Regel wurden Ehen zwischen den Familien vereinbart. Die **Eheschließung** sollte beiden Familien gesellschaftliche und finanzielle Vorteile bringen, wie z. B. nützliche verwandtschaftliche Beziehungen. Aus Liebe zu heiraten war unüblich. Mit der Hochzeit wechselte die Frau in die *familia* ihres Mannes. Damit war sie jetzt ihm bzw. seinem *pater familias* unterstellt.

Die Hauptaufgabe einer Ehefrau bestand darin, Kinder zu bekommen und den Haushalt zu organisieren. Außerdem durfte sie an Gastmählern teilnehmen, das Theater und Spiele besuchen oder zum Baden in die Thermen gehen.

Mindmap: Die römische Familie — Text 2

Erstelle eine Mindmap über die römische Familie.

1. Lies zuerst das Material aufmerksam durch.
2. Notiere die wichtigsten Informationen stichpunktartig.
3. Nimm ein großes Blatt (DIN A3). Schreibe mit einem dicken Stift in die Mitte des Blattes das Thema der Mindmap: Die römische Familie.
4. Gruppiere die wichtigsten Informationen stichwortartig um das Thema. Nutze hierfür Teilüberschriften als erste Unterkategorien (z. B. Wer gehörte zur Familie? Welche Aufgaben hatte der Mann? Welche Aufgaben hatte die Frau? Wie lebten die Kinder?). Du kannst auch Bilder und Symbole hinzufügen.

Die römische *familia* war erheblich größer als eine heutige Kleinfamilie. Zur *familia* zählten Vater, Mutter, unverheiratete Söhne und Töchter, verheiratete Söhne und deren Ehefrauen und Kinder sowie die eigenen Sklavinnen und Sklaven. Aber auch adoptierte Personen waren Teil der *familia*. Der Vater war das Oberhaupt. Er war der *pater familias*. Alle Familienmitglieder waren ihm
5 untergeordnet. Nur er durfte über das Familienvermögen verfügen. Nur er allein durfte im Namen der *familia* Entscheidungen treffen. Vor Gericht konnte er für die *familia* klagen oder angeklagt werden. Er durfte Mitglieder der Hausgemeinschaft bestrafen. Ursprünglich durfte er sogar über Leben und Tod der Familienmitglieder entscheiden.

Mit sieben Jahren gingen Kinder
10 wohlhabender Familien in die Schule und lernten dort lesen, schreiben und rechnen. Unterrichtet wurde in einfachen Räumen oder auf offener Straße. Sehr reiche Familien konnten sich sogar
15 einen Privatlehrer leisten und ließen daher ihre Kinder zu Hause unterrichten.

Spätestens mit elf Jahren endete für Mädchen die Schulausbildung. Sie wurden nun von ihren Müttern auf ihre
20 Rolle als Ehefrau und Hausverwalterin vorbereitet. Dazu zählte z. B. wie man Kleidung herstellt, Essen zubereitet oder wie man entsprechende Anweisungen an die Hausklavinnen und -skla-
25 ven weitergibt und diese kontrolliert.

Mit zwölf bis vierzehn Jahren wurden die meisten Mädchen verheiratet, nicht selten an einen wesentlich älteren Mann. In der Regel wurden Ehen
30 zwischen den Familien vereinbart. Die Eheschließung sollte beiden Familien gesellschaftliche und finanzielle Vorteile bringen, wie z. B. nützliche verwandtschaftliche Beziehungen. Aus Liebe zu heiraten war unüblich. Mit der Hochzeit wechselte die Frau in die *familia* ihres Mannes. Damit war sie jetzt ihm
35 bzw. seinem *pater familias* unterstellt. Die Hauptaufgabe einer Ehefrau bestand darin, Kinder zu bekommen und den Haushalt zu organisieren. Außerdem durfte sie an Gastmählern teilnehmen, das Theater und Spiele besuchen oder zum Baden in die Thermen gehen.

Die römische Familie: *pater familias*, Ehefrau, Kinder, verheiratete Söhne mit Ehefrau und Kindern, Haus- und Feldsklaven

Mindmap: Die römische Familie — Text 2

Jungen konnten mitunter länger zur Schule gehen. Aber auch sie lernten schon frühzeitig von ihren Vätern die Aufgaben eines *pater familias*: wie man Geschäfte abschließt, das Vermögen verwaltet oder als Politiker eine Rede hält. Jungen wurden gewöhnlich mit ungefähr 17 Jahren verheiratet.

> *Der römische Dichter Juvenal (ca. 60–140 n. Chr.) schildert in einem Buch den Alltag in einer römischen Schule:*
>
> In einem Säulengang war die Schule des Lehrers für die Kleinen: ein paar Schemel, ein Pult für den Lehrer, ein freigelassener Sklave, der sich für geringes Entgeld die Mühe aufgeladen hatte, den Lausbuben das Lesen und Schreiben beizubringen.
>
> Die Leute, die in der Nähe des Säulenganges vorbeikamen, sahen und hörten die Buben, wie sie mit einer Tafel auf den Knien ein Diktat schrieben oder der Reihe nach das aufsagten, was der Lehrer vorsprach. Immer wieder musste einer eine tüchtige Tracht Prügel einstecken, denn auch das gehörte zu der Erziehungsmethode des Lehrers.

Quelle: Zit. nach: *Salvan, Italo; Caporali, Renato:* Rom und seine große Zeit – Leben und Kultur im antiken Rom. Übersetzt von Bernhard Wosnik und Waltraud Wosnik. Würzburg: Arena Verlag, 1963. S. 68.

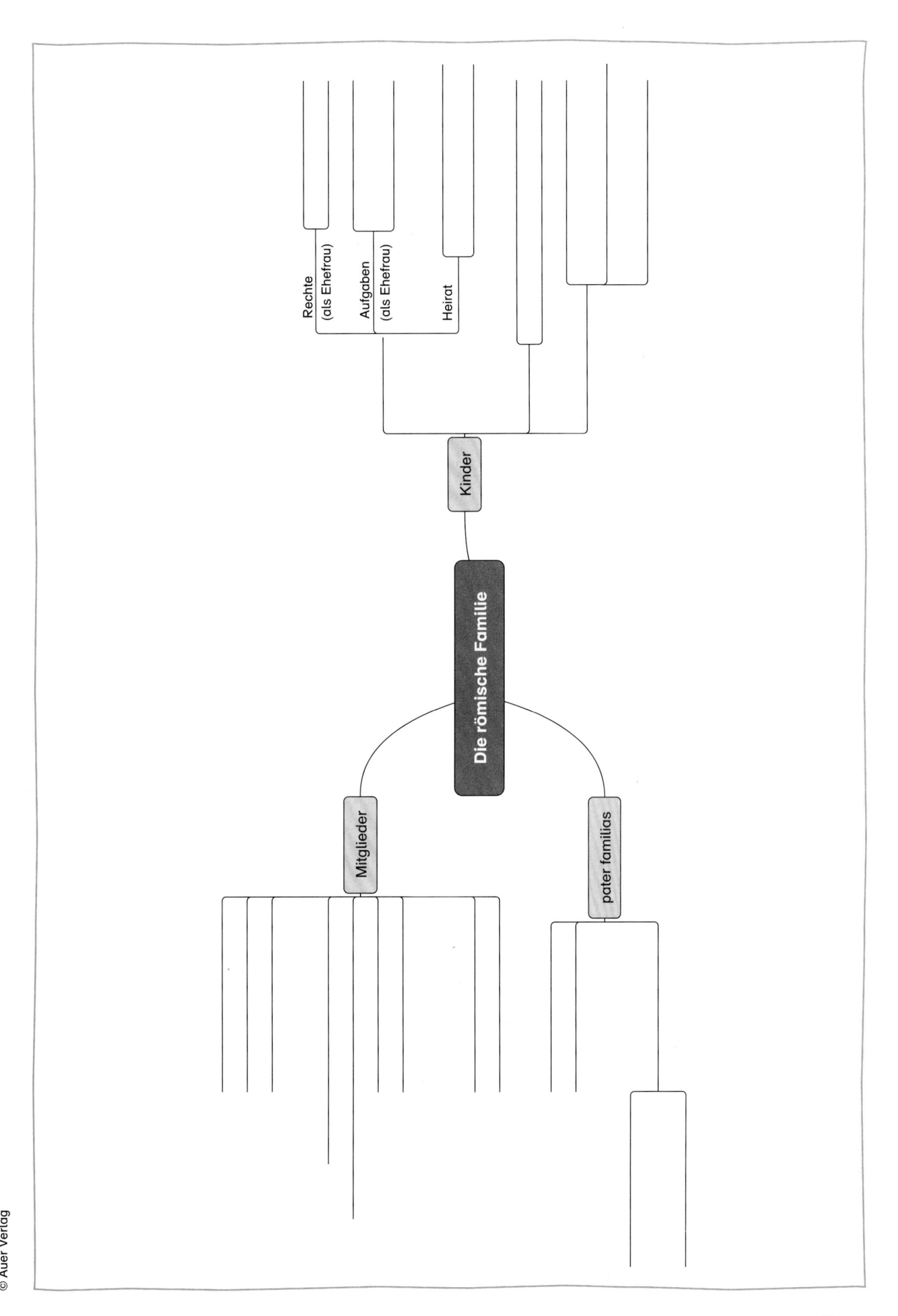

Mindmap: Die römische Familie – Hilfeblatt

Die römische Familie

- Mitglieder
- pater familias
- Kinder
  - Rechte (als Ehefrau)
  - Aufgaben (als Ehefrau)
  - Heirat

Mindmap: Die römische Familie – beispielhafte Lösung

Die römische Familie

- **Mitglieder**
  - Vater
  - Mutter
  - Söhne
  - Töchter — wechselte mit der Ehe in die Familie ihres Mannes
  - Ehefrauen und Kinder der verheirateten Söhne
  - Sklavinnen und Sklaven
  - adoptierte Personen
  - standen alle in wirtschaftlicher Abhängigkeit zum pater familias

- **pater familias**
  - Oberhaupt der Familie
  - i. d. R. der Vater
  - Rechte und Pflichten
    - konnte frei über Familienvermögen verfügen
    - konnte vor Gericht für Familie klagen und angeklagt werden

- **Kinder**
  - **Mädchen**
    - Rechte (als Ehefrau)
      - Thermenbesuch
      - Theaterbesuch
      - Kinder bekommen
    - Aufgaben (als Ehefrau)
      - Verantwortung für Haushalt
    - Heirat
      - i. d. R. mit älteren Männern
      - mit 12–14 Jahren verheiratet
  - **Jungen**
    - heirateten gewöhnlich mit 17 Jahren
    - lernten Aufgaben des pater familias
  - **Schulzeit**
    - lesen, schreiben, rechnen
    - in einfachen Mieträumen oder auf offener Straße
    - begann mit 7 Jahren

KAGA: Die römische Republik — Text 1

Erstelle ein KAGA über die Ständekämpfe zwischen Patriziern und Plebejern.

1. Lies zuerst das Material aufmerksam durch.
2. Markiere die wichtigsten Stellen.
3. Notiere die zentralen Merkmale zu a. Patriziern, b. Plebejern und c. zu dem Verhältnis der beiden Gruppen zueinander.
4. Erstelle nun dein KAGA. Verwende hierzu deine Notizen aus Aufgabe 3.

Wie war die römische Gesellschaft aufgebaut?

Die römische Gesellschaft unterteilte sich in zwei große Gruppen:

Auf der einen Seite standen die **Patrizier**. Das waren reiche,
5 meist adlige Familien. Sie verfügten oft über großen Landbesitz und lebten vor allem von der Viehzucht. Die Macht in Rom lag mehrheitlich in ihren Händen.

Auf der anderen Seite standen die **Plebejer**. Zu ihnen gehörten Arme, Bauern, Handwerker, aber auch nichtadlige Familien.
10 Die Höfe der Bauern waren oft klein und reichten gerade zur Versorgung der eigenen Familie.

Links ein Plebejer, rechts ein Patrizier

Beide Gruppen, Patrizier und Plebejer, waren klar voneinander getrennt. Die Kinder wurden getrennt voneinander erzogen und unterrichtet. Die Heirat zwischen Patriziern und Plebejern war verboten. Doch die Plebejer begannen, gegen die Macht der Patrizier Widerstand zu leisten.

15 ### Ständekämpfe und Entstehung der römischen Republik

Wenn die Römer in den Krieg zogen, stellten die Plebejer die schwer bewaffneten Fußsoldaten. Somit waren die Patrizier im Krieg von den Plebejern
20 abhängig. Das machten sich die Plebejer zu Nutze und traten in eine Art Streik. Ohne die Plebejer als Soldaten konnte die Armee keine Schlacht gewinnen. Diese Auseinandersetzung zwischen Patriziern und Plebejern um Macht und Einfluss nennt man **Ständekämpfe**. Nach und nach erreichten die Plebejer dabei mehr Einfluss auf die Politik. Stück für Stück entwickelte sich eine neue Staats-
25 form, die *res publica*. Von diesem Begriff ist unser Ausdruck **Republik** abgeleitet.

> *res publica*
>
> Der Ausdruck *res publica* heißt übersetzt „öffentliche Sache". Die Römer meinten damit, dass jeder die Möglichkeit habe, sich an der Politik zu beteiligen.

Aufbau der römischen Republik

Im Mittelpunkt der neuen **Verfassung** der römischen Republik standen die **Magistrate**. An der Spitze der Magistrate standen immer zwei
30 **Konsuln**, die sich gegenseitig kontrollierten. Das eigentliche Machtzentrum aber war der **Senat**. Hier saßen etwa 300 einflussreiche Bürger, die alle früher Magistrate gewesen waren. Der Senat entschied zum Beispiel über Krieg und Frieden.

35 Außerdem gab es noch die Volkstribunen. Sie waren die Vertreter der Plebejer. Im Laufe der Zeit gewannen sie immer mehr Einfluss. So konnten sie z. B. ihr Veto (ich verbiete) gegen Beschlüsse der Magistrate einlegen.

> **Magistrate**
>
> Die **Magistrate** umfassten die verschiedenen hohen Verwaltungsämter innerhalb der römischen Republik. Dazu gehörten die Quästoren, die Ädile, die Prätoren und die Konsuln. Die Magistrate bildeten zusammen so etwas wie die Regierung.

> **Konsul**
>
> Der **Konsul** war das höchste zivile und militärische Amt innerhalb der Ämterlaufbahn in der römischen Republik.

KAGA: Die römische Republik   Text 2

Erstelle ein KAGA über die Ständekämpfe zwischen Patriziern und Plebejern.

1. Lies zuerst das Material aufmerksam durch.
2. Markiere die wichtigsten Stellen.
3. Notiere die zentralen Merkmale zu a. Patriziern, b. Plebejern und c. zu dem Verhältnis der beiden Gruppen zueinander.
4. Erstelle nun dein KAGA. Verwende hierzu deine Notizen aus Aufgabe 3.

Schon zu der Zeit als Rom noch von Königen regiert wurde, gab es zwei große Gruppen in Rom: die Patrizier und die Plebejer. Die Patrizier waren reiche, adlige Familien mit großem Landbesitz. Sie lebten vor allem von der Viehzucht. Zu den Plebejern gehörten Arme, Bauern, Handwerker, aber auch nichtadlige Familien. Die Höfe der Bauern waren oft klein und reichten gerade zur
5   Versorgung der eigenen Familie. Bei Missernten oder Unglücksfällen mussten sie sich häufig Geld bei den Patriziern leihen, um zu überleben, und wurden so abhängig von ihnen.

Um 509 v. Chr. vertrieben die Patrizier den letzten, besonders grausamen König aus Rom. Von da an lag die Macht mehrheitlich in ihren Händen. Um ihre Macht und ihren Einfluss langfristig zu sichern, wollten die Patrizier unter sich bleiben und schlossen andere Bevölkerungsgruppen aus.
10 Ihre Kinder wurden getrennt von den Kindern der Plebejer erzogen und unterrichtet. Die Heirat zwischen Patriziern und Plebejern wurde verboten.

Viele Plebejer wollten sich damit nicht abfinden. Sie wussten: Immer wenn Rom angegriffen wurde oder selbst Kriege führte, waren die Patrizier auf sie angewiesen. Denn die Plebejer bildeten als schwer bewaffnete Fußsoldaten den Hauptteil der römischen Armee. Damit waren die Patrizier
15 von den Plebejern durchaus abhängig. Das machten sich die Plebejer zu Nutze und traten in eine Art Streik. Ohne die Plebejer als Soldaten konnte die römische Armee keine Schlacht gewinnen.

Diese Auseinandersetzung zwischen Patriziern und Plebejern um Macht und Einfluss nennt man Ständekämpfe. Sie dauerten über 200 Jahre an. Doch nach und nach erreichten die Plebejer mehr Einfluss auf die Politik. Stück für Stück entwickelte sich eine recht komplizierte neue staatliche
20 Ordnung. Die Römer nannten diese neue Staatsform *res publica* (= öffentliche Sache). Damit wollten sie ausdrücken, dass nun nicht mehr ein König oder eine Gruppe allein, sondern alle zusammen die Geschicke des Staates bestimmen sollten. Von diesem Namen *res publica* leitet sich unser modernes Wort Republik ab.

Ein Plebejer   Ein Patrizier

KAGA: Die römische Republik   Text 2

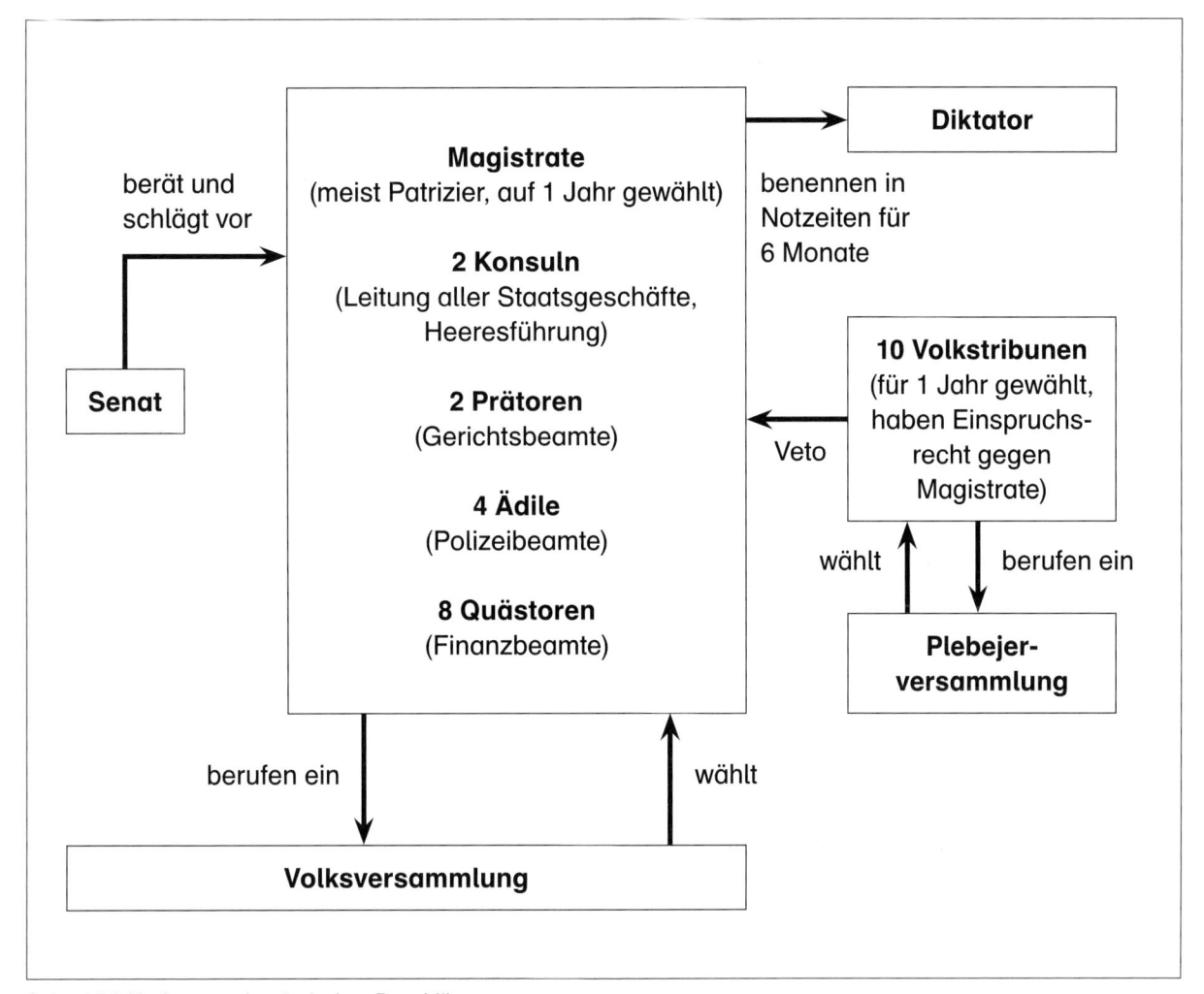

```
                    ┌─────────────────────────────────┐      ┌──────────────┐
                    │          Magistrate             │ ───► │   Diktator   │
       berät und    │ (meist Patrizier, auf 1 Jahr    │      └──────────────┘
       schlägt vor  │          gewählt)               │  benennen in
          ┌────►    │                                 │  Notzeiten für
          │         │          2 Konsuln              │  6 Monate
          │         │  (Leitung aller Staatsgeschäfte,│
          │         │       Heeresführung)            │      ┌──────────────────┐
  ┌───────┴──┐      │                                 │      │  10 Volkstribunen│
  │  Senat   │      │          2 Prätoren             │ ◄─── │ (für 1 Jahr gew- │
  └──────────┘      │       (Gerichtsbeamte)          │ Veto │  ählt, haben Ein-│
                    │                                 │      │  spruchsrecht    │
                    │           4 Ädile               │      │  gegen Magistrate)│
                    │       (Polizeibeamte)           │      └──────────────────┘
                    │                                 │        ▲         │
                    │          8 Quästoren            │     wählt│    │berufen ein
                    │       (Finanzbeamte)            │        │         ▼
                    └─────────────────────────────────┘      ┌──────────────┐
                          │                      ▲           │  Plebejer-   │
                    berufen ein              wählt           │ versammlung  │
                          ▼                      │           └──────────────┘
                    ┌─────────────────────────────────┐
                    │        Volksversammlung         │
                    └─────────────────────────────────┘
```

Schaubild: Verfassung der römischen Republik

Im Mittelpunkt der neuen Verfassung standen die Magistrate – heute würden wir sagen die Re-
25 gierung. Alle Magistrate wurden in der Regel für ein Jahr von der Volksversammlung gewählt. An
der Spitze der Magistrate standen immer zwei Konsuln, die sich gegenseitig kontrollieren sollten.
Das eigentliche Machtzentrum aber war der Senat. Hier wurden die großen Entscheidungen – z. B.
über Krieg und Frieden – getroffen. Im Senat saßen etwa 300 Männer, die alle früher Magistrate
gewesen waren. In der Frühzeit der römischen Republik waren dies nur einflussreiche, adlige Pa-
30 trizier, erst gegen Ende der römischen Republik kamen auch Plebejer hinzu. Neben den Magistra-
ten und dem Senat gab es noch die Volkstribunen. Sie waren die Vertreter der Plebejer. Im Laufe
der Zeit gewannen sie immer mehr Einfluss. So konnten sie z. B. ihr Veto (ich verbiete) gegen
Beschlüsse der Magistrate einlegen und dadurch die Plebejer schützen.

KAGA: Die römische Republik – Hilfeblatt

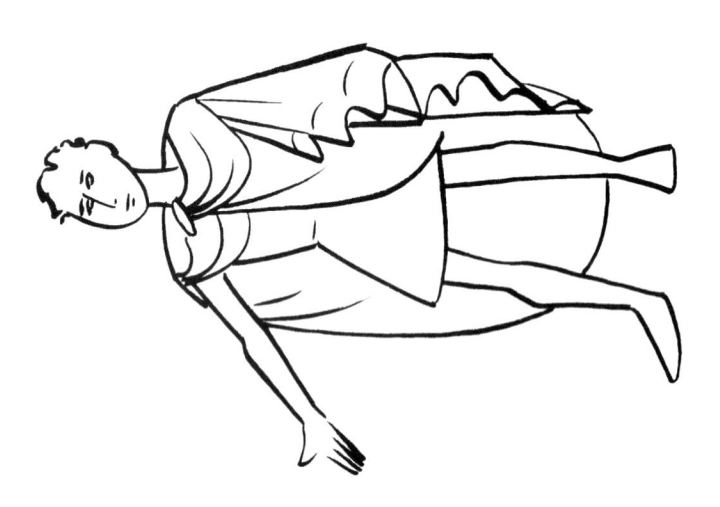

KAGA: Die römische Republik – beispielhafte Lösung

Plebejer
Arme, Bauern, Handwerker, nichtadlige Familien

- stellten bewaffnete Fußsoldaten im Krieg
- waren wichtig für die Patrizier
- erkämpften sich mehr Rechte **und Mitsprache** (Volkstribunen)

res publica
„öffentliche Sache"

- **lebten getrennt voneinander**

Patrizier
Reiche, adlige Familien, lebten von Viehzucht

- vertrieben den letzten König aus Rom (509 v. Chr.)
- verteilten die Macht unter sich

Rom

KAGA: Gaius Julius Caesar — Text 1

Erstelle ein KAGA über die politische Karriere des Gaius Julius Caesar.

1. Lies zuerst das Material aufmerksam durch und markiere die wichtigsten Stellen.
2. Notiere die zentralen Stationen der politischen Karriere des Gaius Julius Caesar.
3. Erstelle nun dein KAGA. Verwende hierzu deine Notizen aus Aufgabe 2.

Das Leben des Gaius Julius Caesar

Gaius Julius Caesar wurde 100 v. Chr. als Sohn einer Adelsfamilie geboren. Schon in jungen Jahren begann seine politische Karriere:
- 68 v. Chr. wird er zum **Quästor** (Finanzbeamter) ernannt.
- 62 v. Chr. wird er **Prätor** (Gerichtsbeamter).
- 61 v. Chr. wird er zum **Verwalter der Provinz Spanien** ernannt.
- 60 v. Chr. kehrt er nach Rom zurück. Hier gründet er zusammen mit dem Konsul Pompeius und dem reichen Geschäftsmann Crassus das sogenannte Triumvirat (Drei-Männer-Herrschaft). Die drei Männer bestimmen die Politik in Rom.
- 59 v. Chr. wird Caesar selbst zum **Konsul** ernannt.
- 58 und 51 v. Chr. erobert Caesar das gesamte Gallien bis zum Rhein.

---

römische Ämter

Zur Zeit der römischen Republik gab es verschiedene hohe Ämter, die Magistrate:
- Die **Quästoren** waren für die Verwaltung der Staatskasse verantwortlich.
- Die **Ädile** waren für die Organisation der Polizei verantwortlich.
- Die **Prätoren** waren für die Rechtsprechung verantwortlich.
- Die **Konsuln** waren für die Leitung des Staates und das Heer verantwortlich.

Nach der Eroberung Galliens geriet Caesar so sehr mit dem Senat in Streit, dass daraus ein vierjähriger **Bürgerkrieg** entbrannte. Aus diesem Krieg ging 45 v. Chr. Caesar als Sieger hervor. Als Oberbefehlshaber des Heeres und von da an **Diktator auf Lebenszeit** hatte er nun alle Macht in seinen Händen. Am **15. März 44 v. Chr.** wurde Gaius Julius Caesar im Senat ermordet. Caesar war den Senatoren zu mächtig geworden.

Der Schriftsteller Sueton (70–140 n. Chr.) schreibt über Caesar folgendes:

Seine Soldaten beurteilte er weder nach ihrer Moral noch nach ihrer äußeren Stellung, sondern nur nach ihren militärischen Fähigkeiten […].
Bei Ansprachen redete er sie nicht mit „Soldaten", sondern mit dem schmeichelhaften „Kameraden" an, und er […] stattete […] sie mit silber- und goldverzierten Waffen aus […].
Auf diese Weise spornte er sie zu größter Ergebenheit und Tapferkeit an. […]

Quelle: Zit. nach: *Lambert, André (Hrsg.):* Gaius Suetonius Tranquillus: Leben der Caesaren. Übersetzt von André Lambert. Reinbek: Rowohlt, 1960. S. 38 ff.

An anderer Stelle schreibt Sueton folgendes:

Er nahm nicht nur übertriebene Ehren an, wie die ständige Wiederwahl zum Konsul, die Diktatur […] auf Lebenszeit, dazu die Namen „Imperator" und „Vater des Vaterlandes", ein Standbild neben denen der Könige und einen Thron im Theater, einen goldenen Sessel im Rathaus und Gericht, Bilder neben denen der Götter, die Benennung eines Monats mit seinem Namen.
Auch nahm er und vergab Auszeichnungen nach Belieben. Er äußerte öffentlich, die Verfassung sei ein Nichts.

Quelle: Zit. nach: Gaius Suetonius Tranquillus: Leben der Caesaren. 76 ff.

KAGA: Gaius Julius Caesar — Text 2

Erstelle ein KAGA über die politische Karriere des Gaius Julius Caesar.

1. Lies zuerst das Material aufmerksam durch und markiere die wichtigsten Stellen.
2. Notiere die zentralen Stationen der politischen Karriere des Gaius Julius Caesar.
3. Erstelle nun dein KAGA. Verwende hierzu deine Notizen aus Aufgabe 2.

Gaius Julius Caesar wurde 100 v. Chr. als Sohn einer Adelsfamilie geboren. 68 v. Chr. begann er seine politische Karriere. Er wurde Quästor (Finanzbeamter) und sechs Jahre später Prätor (Gerichtsbeamter). 61 v. Chr. wurde er zum Verwalter der Provinz Spanien ernannt. 60 v. Chr. kehrte er nach Rom zurück. Dort verbündete er sich mit dem Konsul Pompeius und dem reichen Geschäfts-
5 mann Crassus zum sogenannten Triumvirat (Drei-Männer-Herrschaft). Die drei Männer bestimmten fortan die Politik in Rom. Ein Jahr später war Caesars Einfluss bereits so groß, dass er zum Konsul gewählt wurde.

Als Befehlshaber einer riesigen Armee unterwarf Caesar in den Jahren zwischen 58 und 51 v. Chr. das gesamte Gallien bis zum Rhein. Nach der Eroberung Galliens geriet Caesar so sehr mit
10 dem Senat in Streit, dass daraus ein vierjähriger Bürgerkrieg entbrannte. Aus diesem Krieg ging 45 v. Chr. Caesar als Sieger hervor. Er ließ sich zum Diktator auf Lebenszeit ernennen. Als Oberbefehlshaber des Heeres und Diktator auf Lebenszeit hatte er nun alle Macht Roms in seinen Händen. Am 15. März 44 v. Chr. wurde Gaius Julius Caesar im Senat ermordet. Caesar war den Senatoren zu mächtig geworden.

15 *Der Schriftsteller Sueton (70–140 n. Chr.) schreibt über Caesar folgendes:*

Seine Soldaten beurteilte er weder nach ihrer Moral noch nach ihrer äußeren Stellung, sondern nur nach ihren militärischen Fähigkeiten […].
Bei Ansprachen redete er sie nicht mit „Soldaten", sondern mit dem schmeichelhaften „Kameraden" an, und er […] stattete […] sie mit silber- und goldverzierten Waffen aus […]. Auf
20 diese Weise spornte er sie zu größter Ergebenheit und Tapferkeit an. […] Gegenüber seinen Freunden war Caesar immer zuvorkommend und nachsichtig […].

An anderer Stelle schreibt Sueton:

Er nahm nicht nur übertriebene Ehren an, wie die ständige Wiederwahl zum Konsul, die Diktatur […] auf Lebenszeit, dazu die Namen „Imperator" und „Vater des Vaterlandes", ein Standbild
25 neben denen der Könige und einen Thron im Theater, einen goldenen Sessel im Rathaus und Gericht, Bilder neben denen der Götter, die Benennung eines Monats mit seinem Namen. Auch nahm er und vergab Auszeichnungen nach Belieben. Er äußerte öffentlich, die Verfassung sei ein Nichts.

Quelle: Zit. nach: *Lambert, André (Hrsg.):* Gaius Suetonius Tranquillus: Leben der Caesaren. Übersetzt von André Lambert. Reinbek: Rowohlt, 1960. S. 38 ff. und 76 ff.

Über den Sieg Caesars im Bürgerkrieg (45 v. Chr.) schreibt Plutarch (46–120 n. Chr.) rückblickend:

30 Vor Caesars Glück indes beugten die Römer trotz alledem das Haupt […]. Und da sie […] Erholung zu finden hofften von den Leiden der Bürgerkriege, ernannten sie ihn zum Diktator auf Lebenszeit. Dies bedeutete die unverhüllte Tyrannis […].
Wenn aber der Hass gegen Caesar immer sichtbarer hervorbrach und ihn schließlich in den Tod hineinriss, so trug daran sein Streben nach der Königswürde die Schuld. Für das Volk war
35 dies der erste Anlass, sich von ihm abzuwenden, für seine Gegner […] ein besonders günstiger Vorwand.

Quelle: Zit. nach: *Ziegler, Konrad (Hrsg.):* Plutarch: Große Griechen und Römer. Übersetzt von Walter Wuhrmann. Zürich/Stuttgart: Artemis, 1954.

KAGA: Gaius Julius Caesar – Hilfeblatt

Rom

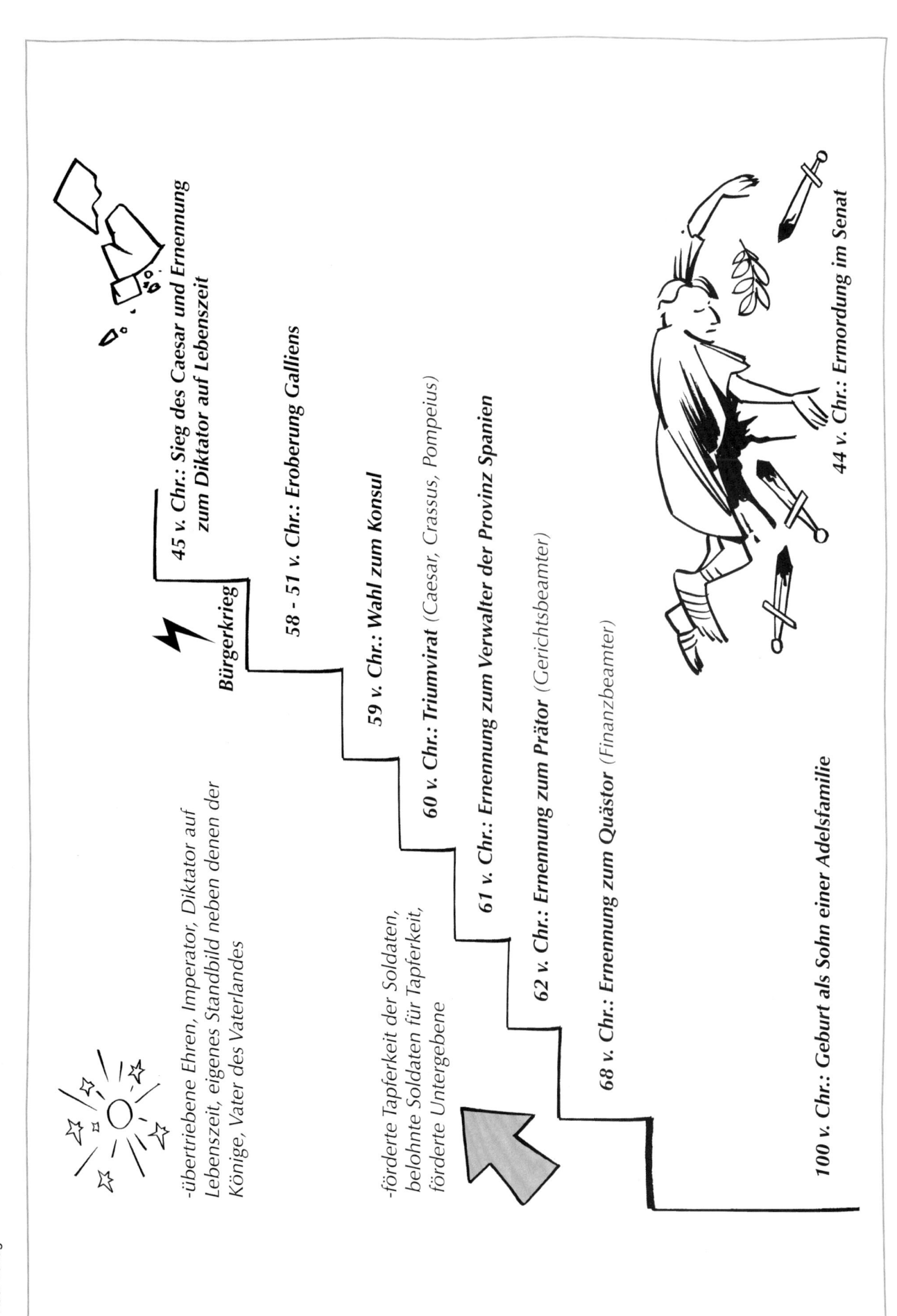

KAGA: Gaius Julius Caesar – beispielhafte Lösung

- übertriebene Ehren, Imperator, Diktator auf Lebenszeit, eigenes Standbild neben denen der Könige, Vater des Vaterlandes

- förderte Tapferkeit der Soldaten, belohnte Soldaten für Tapferkeit, förderte Untergebene

45 v. Chr.: **Sieg des Caesar und Ernennung zum Diktator auf Lebenszeit**

Bürgerkrieg

58 – 51 v. Chr.: **Eroberung Galliens**

59 v. Chr.: **Wahl zum Konsul**

60 v. Chr.: **Triumvirat** (Caesar, Crassus, Pompeius)

61 v. Chr.: **Ernennung zum Verwalter der Provinz Spanien**

62 v. Chr.: **Ernennung zum Prätor** (Gerichtsbeamter)

68 v. Chr.: **Ernennung zum Quästor** (Finanzbeamter)

44 v. Chr.: **Ermordung im Senat**

100 v. Chr.: **Geburt als Sohn einer Adelsfamilie**

Rom

KAGA: Römische Straßen — Text 1

Erstelle ein KAGA über die römischen Straßen.

1. Lies zuerst das Material aufmerksam durch.
2. Markiere die wichtigsten Stellen.
3. Notiere die wichtigsten Informationen über die römischen Straßen.
4. Erstelle nun dein KAGA. Verwende hierzu deine Notizen aus Aufgabe 3.

Im Römischen Reich gab es ein gut ausgebautes Netz von Wegen. Allein die **Fernstraßen** umfassten **80 000 Kilometer**. Das ist eine Strecke zweimal um die Erde.

> *Ailios Aristeides (117–181 n. Chr.) in seiner Preisrede auf Rom:*
>
> Die Gebirge sind erschlossen, Ströme überbrückt, Wüsten besiedelt. Stadt liegt neben Stadt. Ein freier ungehinderter Verkehr verbindet die fernsten Länder. Unsicherheit und Gefahr sind zur Legende geworden. Die Meere sind voll von Schiffen, die Straßen voll von Menschen und Wagen. Jede neueste Errungenschaft, jeder Komfort dringt sofort in alle Winkel des Reiches.

Quelle: Zit. nach: *Bechert, Tilmann*: Römisches Germanien zwischen Rhein und Maas. München: Hirmer, 1982. S. 173.

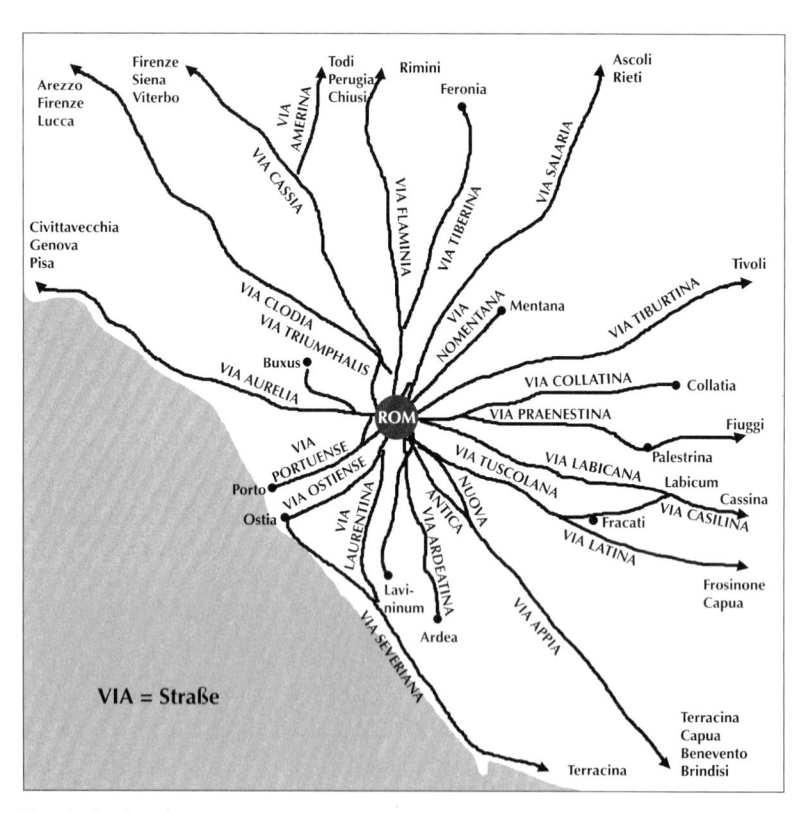

Römische Straßen rund um Rom

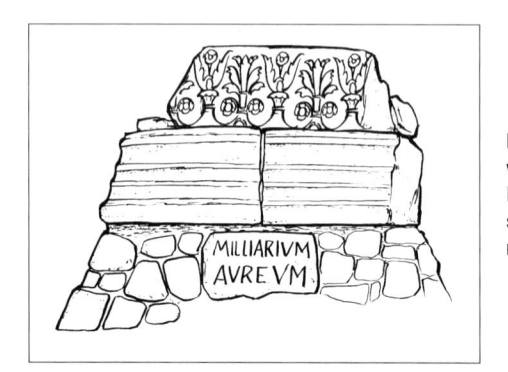

Heutige Überreste des Milliarium Aureum („Goldener Meilenstein"). Dieser wurde auf Befehl Kaiser Augustus' 20 v. Chr. auf dem Forum Romanum in Rom errichtet. Ursprünglich standen auf der vergoldeten Säule die Hauptstädte der Provinzen des Römischen Reiches und ihre jeweiligen Entfernungen nach Rom. Von hier gingen alle wichtigen Römerstraßen aus.

KAGA: Römische Straßen

Der römische Autor Sueton schreibt in seiner Augustus-Biografie über die Einrichtung der römischen Staatspost:

10   Damit ihm [Augustus] schneller und leichter über die Vorgänge in jeder Provinz gemeldet […] werden könne, verteilte er […] Wagen in Abständen längst der Heerstraßen […], weil so der gleiche Kurier die Nachrichten von Ort und Stelle bringen und nötigenfalls auch noch persönlich befragt werden konnte.

Kurier

Mit dem Ausdruck **Kurier** wird ein Bote bezeichnet.

Quelle: Zit. nach: *Lambert, André (Hrsg.):* Gaius Suetonius Tranquillus: Leben der Caesaren. Übersetzt von André Lambert. Reinbek: Rowohlt, 1960. S. 83.

Rekonstruktionszeichnung Straßenbau
1 Pflaster
2 Schicht aus Kies und Sand
3 Schotterschicht
4 Schicht aus groben Steinen
5 Meilenstein
6 Vermessungsgerät, mit dessen Hilfe die Straße schnurgerade wurde

KAGA: Römische Straßen — Text 2

Erstelle ein KAGA über die römischen Straßen.

1. Lies zuerst das Material aufmerksam durch.
2. Markiere die wichtigsten Stellen.
3. Notiere die wichtigsten Informationen über die römischen Straßen.
4. Erstelle nun dein KAGA. Verwende hierzu deine Erkenntnisse aus Aufgabe 3.

Im Römischen Reich gab es ein gut ausgebautes Netz von Wegen zu Wasser und auf dem Land. Allein die Fernstraßen umfassten 80 000 Kilometer (eine Strecke zweimal um die Erde).

> *Ailios Aristeides (117–181 n. Chr.) in seiner Preisrede auf Rom:*
>
> Der Erdkreis trägt nicht mehr Waffen, sondern ein Festgewand. Die Gebirge sind erschlossen, Ströme überbrückt, Wüsten besiedelt. Stadt liegt neben Stadt. Ein freier ungehinderter Verkehr verbindet die fernsten Länder. Unsicherheit und Gefahr sind zur Legende geworden. Die Meere sind voll von Schiffen, die Straßen voll von Menschen und Wagen. Jede neueste Errungenschaft, jeder Komfort dringt sofort in alle Winkel des Reiches.

Quelle: Zit. nach: *Bechert, Tilmann*: Römisches Germanien zwischen Rhein und Maas. München: Hirmer, 1982. S. 173.

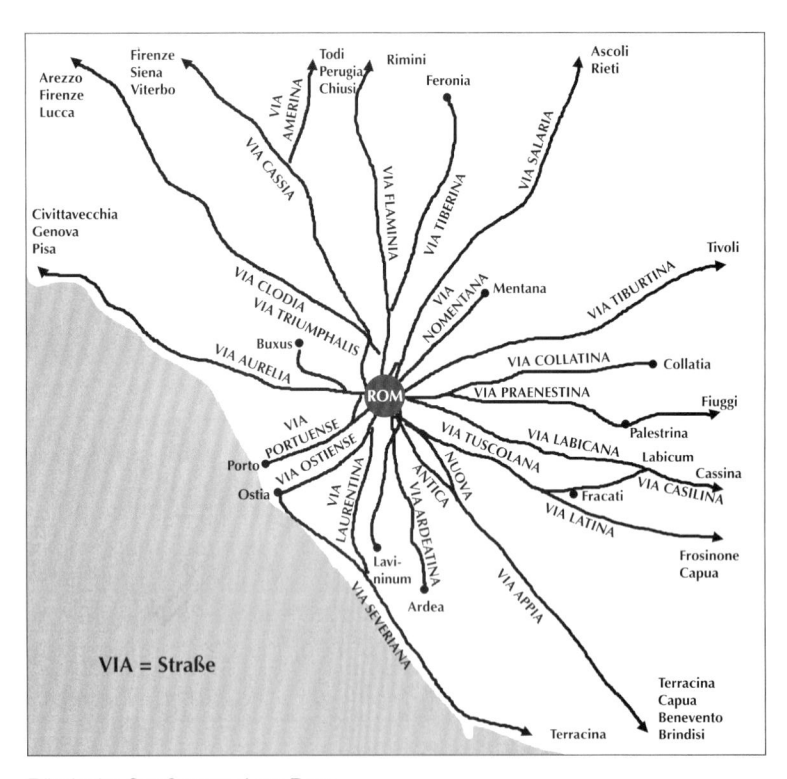

Römische Straßen rund um Rom

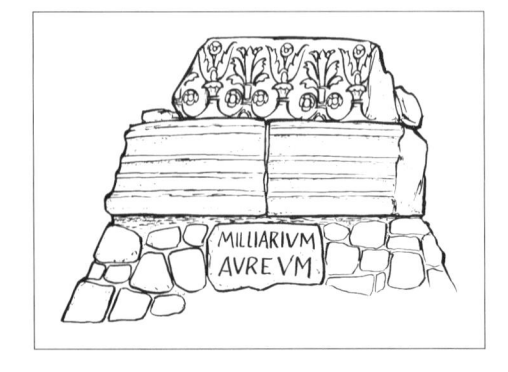

Heutige Überreste des Milliarium Aureum („Goldener Meilenstein"). Dieser wurde auf Befehl Kaiser Augustus' 20 v. Chr. auf dem Forum Romanum in Rom errichtet. Ursprünglich standen auf der vergoldeten Säule die Hauptstädte der Provinzen des Römischen Reiches und ihre jeweiligen Entfernungen nach Rom. Von hier gingen alle wichtigen Römerstraßen aus.

KAGA: Römische Straßen — Text 2

Der römische Autor Sueton schreibt in seiner Augustus-Biografie über die Einrichtung der römischen Staatspost:

Damit ihm [Augustus] schneller und leichter über die Vorgänge in jeder Provinz gemeldet und rapportiert werden könne, verteilte er anfänglich junge Leute, später Wagen in Abständen längst der Heerstraßen. Das zweite System erwies sich als praktischer, weil so der gleiche Kurier die Nachrichten von Ort und Stelle bringen und nötigenfalls auch noch persönlich befragt werden konnte.

Quelle: Zit. nach: *Lambert, André (Hrsg.):* Gaius Suetonius Tranquillus: Leben der Caesaren. Übersetzt von André Lambert. Reinbek: Rowohlt, 1960. S. 83.

Rekonstruktionszeichnung Straßenbau
1 Pflaster
2 Schicht aus Kies und Sand
3 Schotterschicht
4 Schicht aus groben Steinen
5 Meilenstein
6 Vermessungsgerät, mit dessen Hilfe die Straße schnurgerade wurde

KAGA: Römische Straßen – Hilfeblatt

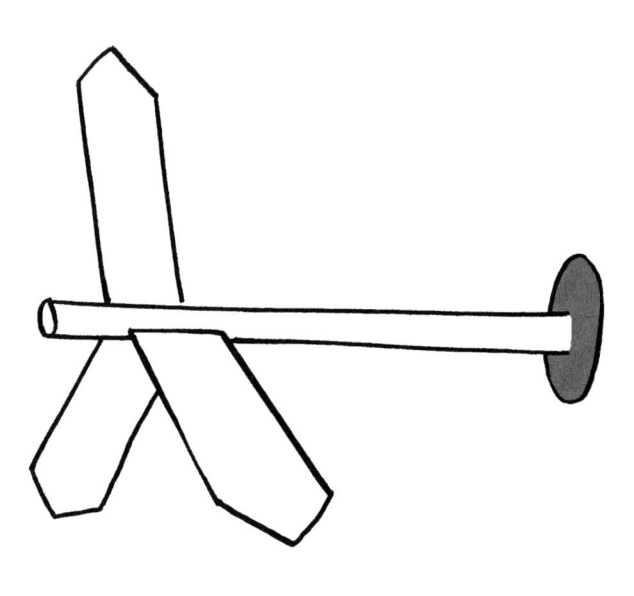

„Alle Wege führen nach ..."

KAGA: Römische Straßen – beispielhafte Lösung

„Alle Wege führen nach Rom."

80 000 km

Rom

Alle Unterrichtsmaterialien
der Verlage Auer, AOL-Verlag und PERSEN

» **jederzeit online verfügbar**

lehrerbuero.de
Jetzt kostenlos testen!

» lehrerbüro
Das Online-Portal für Unterricht und Schulalltag!